böhlau Wien

Hilde Berger

Ob es Haß ist, solche Liebe?

Ob es Haß ist, solche Liebe?

Oskar Kokoschka und Alma Mahler

Wolfenbüttel, 27.10.99

herzlichst

Ihr[e]

[illegible]

Böhlau Verlag Wien · Köln · Weimar

Umschlagabbildung:
Oskar Kokoschka, Mann mit Puppe, 1922
SMPK Nationalgalerie Berlin, Foto: Jörg P. Anders (© VBK, Wien, 1999)
Abb. auf Seite 2: Oskar Kokoschka, Liebkosung, 1914
Graphische Sammlung Albertina, Wien (© VBK, Wien, 1999)

Die Deutsche Bibliothek – CIP-Einheitsaufnahme
Berger, Hilde: Ob es Haß ist, solche Liebe? : Oskar Kokoschka und Alma Mahler / Hilde Berger. – Wien ; Köln ; Weimar : Böhlau 1999
ISBN 3-205-99103-6

Gedruckt auf umweltfreundlichem, chlor- und säurefreiem Papier

Druck: Imprint, SLO-Ljubljana

Als der Herr Adam erschaffen hatte, sprach er: Es ist nicht gut, daß der Mensch allein sei. Und er schuf ein Weib aus der Erde, aus der auch Adam gebildet war, und hieß ihren Namen Lilith. Alsbald hatten die beiden Streit miteinander, und Lilith sprach: Bist doch nur meinesgleichen, beide sind wir von der Erde genommen; und eins hörte nicht auf das Wort des anderen. Wie nun Lilith sah, daß kein Friede war, flog sie davon in die Lüfte.

Jüdische Legende

Lilith Lang war schlank, ihr Haar war dunkel und zu einem Knoten gebunden, mit zwei Kämmen steckte sie es hinter den Ohren fest. Sie war Hospitantin an der Wiener Kunstgewerbeschule. Einmal in der Woche ging sie zum abendlichen Aktzeichnen, in einen Kurs, der von einem Studenten des letzten Jahrgangs gehalten wurde, er hieß Oskar Kokoschka. Zu Mittag saß sie mit ihren Freundinnen an Oskars Nebentisch in der Mensa. Die jungen Frauen tranken leichtes Bier zum Essen, und wenn Oskar, der immer große Portionen essen mußte, bis er satt war, endlich aufstand und seinen leeren Teller zur Schank zurückbrachte, schauten ihm die Studentinnen nach.

»Der redet mit keiner«, sagte eine, und eine andere meinte: »Der wird immer rot, wenn man ihn anredet.«

Sie lachten und steckten die Köpfe zusammen und lästerten weiter. Daß er viel zu groß sei und zu mager und daß er seine Arme baumeln lasse wie ein Orang-Utan. Seit er sich den Kopf hatte kahlscheren lassen, sah er aus wie ein Sträfling, fanden sie.

»Seht euch die riesigen Ohren an. Und in seinem Gesicht ist alles schief!«

»Wenn der einen anschaut, kriegt man Angst! Wie der schaut mit seinen blauen Augen!«

Lilith war die jüngste unter den Studentinnen, sie war erst siebzehn. Oskar wußte, daß Lilith in ihn verliebt war, aber er schaute sie nie an. Er schaute ihr nach, wenn sie wegging, aber wenn sie auf ihn zukam, wandte er sich ab. Sie war seine erste Liebe.

Am Ende des Schuljahres war es üblich, daß die Lehrer und die Absolventen der Kunstgewerbeschule ihre Arbeiten präsentierten, Plakate, Postkarten und dekorative Kalender. In kleinen Pavillons, die dafür auf dem Karlsplatz aufgestellt wurden, zeigte man

Gemälde. Im Vorjahr war die Kunstschau ein großer Erfolg gewesen, besonders der Pavillon mit den neuen Bildern von Gustav Klimt, der ein Lehrer der Schule war, hatte sich als Publikumsmagnet erwiesen. Heuer gab es als besondere Attraktion eine kleine Freilichtbühne. Sie war einem antiken griechischen Theater nachgebaut und bot etwa hundertfünfzig Zuschauern Platz.

Oskar wollte ein Theaterstück aufführen. Über die Handlung war er sich bereits im klaren, die Dialoge mußte er allerdings noch schreiben. Das Stück sollte von der Leidenschaft zwischen Mann und Frau erzählen, von den Gefahren des Eros und von der Wollust des Thanatos.

»Sie können aufführen, was Sie wollen, es darf uns nur nichts kosten«, meinte der zuständige Beamte der k. k. Statthalterei.

»Das Plakat hab ich schon genau im Kopf: eine Pietà. Die Frau wird ganz weiß sein, das ist die Todesfarbe, und der Mann in ihrem Schoß ist rot, das ist die Farbe des Lebens, ich werde die Plakate im Siebdruck anfertigen lassen, hundert Stück etwa –«

»Die Kosten für das Plakat müssen Sie selber tragen, Herr Kokoschka«, unterbrach ihn der Beamte. Und für eventuelle Schäden auf der Bühne müsse er ebenfalls aufkommen. Oskar Kokoschka unterschrieb alles mit der Leichtigkeit eines Menschen, der ohnehin keinen Heller in der Tasche hat.

Der Juni des Jahres 1909 war ein verregneter Monat, der Aufführungstermin für Oskars Theaterstück mußte immer wieder verschoben werden. Aber die Plakate waren bereits in den Kaffeehäusern affichiert und weckten die Neugierde der Leute. Es wurde heftig diskutiert, ob das, was auf dem Plakat zu erkennen war, noch als Kunst bezeichnet werden konnte. Einige nannten es die Ausgeburt eines kranken Gehirns. Ein blutig roter Fleischklumpen, der einen männlichen Körper darstellen sollte, hing in den Armen einer Frau, die mit ihrer weißen Fratze mit den hohlen Augen und dem offenen Mund einem untoten Dämonen ähnelte. So etwas zielte auf die Verhöhnung religiöser Gefühle ab, und es würde erfahrungsgemäß nicht lange dauern, bis die k. k. Statthalterei einschritt. Ein zweites Mal würde dieses Stück sicherlich nicht aufgeführt werden. Weil außerdem das Gerücht umging, daß eine völlig nackte Frau auftreten werde, war die Vorstellung schon Tage zuvor ausverkauft.

Die Aufführung war für den späten Nachmittag des 4. Juli angesetzt. Das Gartentheater bot den vielen Neugierigen kaum Platz. Die Glücklichen, die noch einen Sitzplatz ergattert hatten, saßen dicht aneinandergedrängt auf den schmalen, unbequemen Holzbänken. Die jungen Männer trugen leichte Sommerjacken, die Strohhüte schräg auf dem Kopf, die Zigarillos lässig in den Mundwinkeln, was ihnen etwas unvergleichlich Bohemienhaftes verlieh. Die jungen Damen, selbstbewußte Töchter aus liberalen Familien, hatten trotzige Mienen aufgesetzt, die jede kritische Bemerkung wegen ihrer Teilnahme an dieser Veranstaltung von vornherein im Keim ersticken sollten. Manche hatten einen kleinen Notizblock bereitliegen, auf dem sie all das Gräßliche, Abstoßende, was rein gar nichts mit Kunst zu tun hatte, und was sie jetzt hoffentlich bald zu sehen bekommen würden, festhalten wollten.

Viele der jungen Damen waren Studentinnen an der Kunstgewerbeschule. Oskar hatte sie schon in der Mensa gesehen und in einzelnen Kursen. Sein Blick überflog die Zuschauerreihen, jedes einzelne Gesicht prüfte er. Sie war nicht dabei. Lilith war nicht gekommen. Dabei hat er das Theaterstück nur ihretwegen geschrieben, um seine wilden Träume zu bannen, um diesen Druck loszuwerden, der Nacht für Nacht wie ein Alb auf seiner Brust lag.

Einige Minuten wollte er noch warten, bevor er seinen Schauspielern das Zeichen zum Anfangen gab.

»Anfangen! Anfangen!« skandierten bereits die Leute in den hinteren Bänken, und das stetig anschwellende Trampeln der Füße auf dem trockenen Wiesenboden klang wie das Trommeln vor einer Schlacht. Es roch nach Bier und nach Pferdemist, und ab und zu wehte vom Wienfluß eine kräftige Brise fauliger Abwasserdüfte herauf. Immer mehr Neugierige kamen herbei, die auch mit einem Stehplatz vorlieb nahmen. Man erwartete einen Skandal.

»Angekündigte Skandale passieren doch nie«, sagte ein junger Mann in der ersten Reihe halblaut zu seinem Nachbarn, und er fürchtete schon, daß er wieder nichts zu erzählen haben werde, nächtens, wenn die Clique vom Café Museum in die American Bar hinüberwechselte, die bis 4 Uhr früh offen hielt. Am äußersten Rand der Sitzbank saß eine alte Frau. Ihr feines Sonntagskleid aus schwarzer Popeline bauschte sich um ihren gedrungenen Körper wie eine dunkle Wolke. Zu festlich war sie für diesen Anlaß angezogen, jeder konnte sehen, daß sie nicht in diese Gesellschaft paßte. Die Frau war Romana Kokoschka, Oskars Mutter. Sie stammte vom Land, eine Städterin war sie nie geworden, obwohl ihre Familie nun schon seit zwei Jahrzehnten in Wien lebte. Sie war heute als erste hier gewesen, um sich einen guten Platz zu sichern. Ungeduldige Pfiffe ertönten und vereinzelte Rufe nach Rückgabe des Eintrittsgeldes, wenn das Theater nicht sofort anfinge. Oskar gab den Schauspielern das vereinbarte Zeichen, die Aufführung begann.

Wenige Armlängen vor dem Platz Romana Kokoschkas brach plötzlich ein Inferno los. Ein ungeheurer Lärm von Trommeln und Kettenrasseln setzte ein, hinter den papierenen Kulissenwänden sprangen halbnackte Männer hervor, ihre Körper mit einem knappen Lendenschurz notdürftig bedeckt, die Gesichter schwarz und rotbraun bemalt. Sie stellten heranrückende Krieger dar. Eine rothaarige Frau trat auf die Bühne, stolz und aufrecht. Ihre Dienerinnen begafften die Krieger, als hätten sie noch nie einen Mann gesehen. »Ihre stammelnde Lust kriecht wie eine Bestie um mich!« girrten sie. Das Schreien und Brüllen der Schauspieler war weit über den Platz zu hören. Sie sprachen ihren Text nicht, sie würgten ihn heraus, nur einzelne Worte und Satzfetzen waren zu verstehen: »Der bleiche Mann! – Der wittert, daß wir unbeschützt! – Umarme sie! – Das Wiehern hetzt die Stute irr. – Gib dem Tier die Schenkel!«[1] Die furchterregenden Männer auf der Bühne jagten die Frauen vor sich her, sie sprangen und stürzten mit akrobatischer Kunstfertigkeit.

Gleich wird die rothaarige Frau von den Kriegern gefangengenommen, sie werden ihr Kleid zerreißen, sie auf den Boden schleudern und malträtieren. »Ihr Männer! Brennt ihr mein Zeichen mit heißem Eisen ins rohe Fleisch«, wird der Anführer der Krieger brüllen. Sie werden es tun. Später wird sie ihm ein Messer in die Brust stoßen. Sie, die Frau ist die Todbringende, nicht er. Wenn der Mann dann endlich im Sterben liegt, wird die Rothaarige ihren unersättlichen geilen Leib auf seinen ausblutenden Körper pressen. Romana Kokoschka hatte sich den Inhalt des Stückes von ihrem Sohn erzählen lassen. Sie fand es eine blutrünstige Geschichte, aber nicht grausamer als die Geschichten in der Bibel, die sie gerne las. Im Grunde war für sie alles, was ihr Sohn schuf, genial. Er hat den Schauspielern genau vorgemacht, wie sie sich bewegen sollten. Er hat ihre Körper mit feinen Linien bemalt, als könnte man ihre Nervenbahnen sehen. Er hat aus ihren Gesichtern furchteinflößende Masken gemacht. Er hat die Kulissen gebaut. Alles hat er gemacht. Er war ein Genie. Seine Mutter glaubte an ihn. Die Schauspieler waren seine Freunde, alle arbeitslos und ohne Geld, alle begabt, aber ihr Sohn war der begabteste von allen!

Oskar hatte damit gerechnet, daß die Wiener ihn und sein Stück nicht verstehen würden. Schließlich war er ja auch kein Dichter. Er hatte sich ihnen als der zu präsentieren versucht, als den sie ihn anscheinend sehen wollten, als monströser Irrer, vor dem man sich zu fürchten habe – aber die Zuschauer lachten, sie lachten und grölten und riefen den Schauspielern auf der Bühne freche Kommentare zu.

Es war bereits dämmrig geworden, und so konnte Oskar von seinem Platz aus nicht erkennen, wer die Gestalten waren, die sich in den hinteren Bänken neu dazugedrängt hatten. Es waren Männer mit Fellkappen und langen Zwirbelbärten, unter buschigen Brauen stachen kohlschwarze Augen hervor.

»Attacke!« Der kehlige Ruf kam von hinten links, wo eine Mauer das Gartengelände gegen eine Kaserne hin abgrenzte. »Attacke! Stechen mit dem Bajonett!«

Die finsteren Männer waren Reservisten eines bosnischen Bataillons aus der Wiedner Kaserne. Der Lärm und das kriegerische Geheul der Schauspieler hatten sie angelockt. Die sind ehrliche Leute, dachte Oskar, die sind nicht gekommen, um ein künstlerisches Urteil über mich zu fällen. Diesen guten, einfachen Menschen zeige ich mein Stück lieber als den Snobs mit ihren Strohhüten.

Auf der Bühne hat inzwischen ein obszöner Tanz eingesetzt, die Körper der Schauspieler zucken und wälzen sich paarweise, begleitet von einem immer wilder werdenden Trommelrhythmus. Die rothaarige Schauspielerin, von der es hieß, sie werde nackt auftreten, hockt auf dem sterbenden Krieger. Ihr Körper ist ein einziges exaltiertes Zucken, das sich endlich in einem gewaltigen Aufschrei löst. Wie ein Echo hallt es aus den Mündern der bosnischen Soldaten: »Aaaah!«

Oskars Gedanken sind bei Lilith, die nicht gekommen ist. Eigentlich heißt sie Elisabeth Lang. Den Namen Lilith hat sie sich selbst gegeben. Lilith hieß die erste Frau von Adam, beide waren aus dem gleichen Stück Lehm entstanden. Sie war gleich an Kraft wie Adam, und sie wollte, wenn sie sich liebten, nicht unter ihm liegen. Sie wollte auf ihm reiten. Adam ging zum Gottvater und beklagte sich: Ich brauche eine Frau, die mir gehorcht. Gott gab Adam recht, und er schuf ihm eine andere Frau, Eva, die unter Adam liegen blieb, wenn er nächtens Lust auf sie bekam. Doch was tun mit Lilith? Sie war eine reizvolle Frau, und Gott war ein Mann. Also vergnügte sich Gott eine kurze Zeit mit Lilith, bis er sie in die Unterwelt abschob, wo sie seither als Teufelin regiert und nur mehr in Vollmondnächten auf die Erde darf.

Es ist dunkel geworden. Oskar hat Fackeln angezündet und sie an die Schauspieler ausgeteilt. Jetzt muß nur noch das bengalische Bühnenfeuer entzündet werden, der Schlußeffekt der Aufführung. Die bosnischen Reservisten sind inzwischen ganz nahe an die Rampe herangetreten und starren auf die spärlich bekleidete Frau auf der Bühne. Durch das heftige Spiel hat sich ihr Kostüm in Fetzen aufgelöst, die Schminke ist verschmiert, von den feinen Nachzeichnungen der Nervenbahnen ist nichts mehr zu sehen.

»Weg da! – Geh weg, du!« Mit einem leichten Schlag will der junge Mann aus der ersten Reihe einem bosnischen Soldaten andeuten, daß er ihm die Sicht verstellt. Aber keiner vergreift sich ungestraft am Rock des Kaisers, der Soldat dreht sich um, seine Augen blitzen wie schwarze Edelsteine, mit geballter Faust schlägt er dem jungen Mann ins Gesicht.

»Oski!« Leise, aber ganz deutlich dringt die Stimme seiner Mutter an Oskars Ohr. »Gib acht!«

Im allgemeinen Tumult nützt der abgebrühteste unter den Bosniern die Situation, springt behende wie eine Katze auf die Bühne und langt nach dem nackten Schenkel der Schauspielerin, greift mit seinen vom Pfeifenrauch gegilbten Fingern nach diesem unerwarteten Paradies aus Waden und Schenkeln und Brüsten.

»Oski«, flüstert Romana Kokoschka wieder, »gib acht auf die Fackeln!«

Zu spät! Noch bevor das bengalische Feuer entfacht werden kann, brennt die Bühne: Die Kulissen fangen Feuer, eine Stichflamme schießt empor. Die Zuschauer in den hinteren Reihen sind längst aufgestanden und verfolgen staunend das großartige Schauspiel. Romana Kokoschka sucht bei den Büschen der Parkanlage Deckung. Sie starrt gebannt in die Flammen und in den Rauch und rechnet im Kopf aus, wie hoch der finanzielle Schaden für ihren Sohn sein wird. Die Einnahmen waren ganz gut, damit müssen aber erst einmal die Druckkosten für die Plakate gedeckt werden. Die Schauspieler werden unter diesen Umständen auf ihre Gage verzichten müssen, denkt sie und hofft, daß für Oskar trotz allem zumindest ein kleiner Betrag übrigbleibt, denn für die letzten drei Monate hat er ihr noch keinen Heller Kostgeld bezahlt.

Der Leiter der Kunstgewerbeschule, Alfred Roller, erfuhr von dem Skandal, den ein Student seiner Anstalt verursacht hat, noch am selben Abend im Kaffeehaus. Es war klar, daß er Konsequenzen ziehen mußte. Obwohl er den jungen Mann für begabt hielt, würde er ihm sagen müssen, daß seine Weiterarbeit an dem Institut nicht erwünscht sei und daß damit auch sein Stipendium gestrichen sei.

Nach Mitternacht in der American Bar wußte bereits jeder über die Ereignisse im Gartentheater Bescheid: daß die Polizei gekommen ist und vom Autor des Theaterstückes Bußgeld wegen Erregung öffentlichen Ärgernisses verlangt hat, daß die Feuerwehr erstaunlich schnell zur Stelle gewesen ist, offenbar hatte man schon im vorhinein das Ärgste befürchtet und den Spritzenwagen bereitgestellt.

Im großen und ganzen war alles ein Spaß gewesen, primitive Kunst halt, vielleicht eine Parodie auf die jüngste Oper von Richard Strauss, die gerade an der Hofoper einstudiert wurde.

»In Elektra muß Orest seine Mutter töten. Nicht nur, um sie zu strafen, sondern um sie zu erlösen.«

»Der Mörder als Hoffnung der Frauen. Ein ganz interessanter Gedanke eigentlich«, sagt eine junge Dame zu ihrem Freund im Redaktionsbüro. Sie liest ihm weiter die Notizen aus ihrem Block vor. Dann tippt sie den Artikel mit flinken Fingern in die Schreibmaschine.

Die beiden teilen sich die Arbeit, sie geht gern ins Theater, und er nimmt die lästigen Redaktionssitzungen auf sich. Die Kritik zu Oskar Kokoschkas Theateraufführung wird am nächsten Morgen unter dem Namen ihres Freundes im Neuen Wiener Journal erscheinen: »Was hat der Autor mit dem tollen Wirbel eigentlich gewollt? Ein kleiner Satz hätte den kleinen, mageren Gedanken gefaßt. Die wilden, übrigens gequält konstruierten Wortexzesse, das unverständliche, ekstatische Gekreische, das Herumkollern von Menschenklumpen auf der Bühne mutete nicht wie die Realisierung ernster, künstlerischer Absichten, sondern wie eine Verhöhnung des gesunden Menschenverstandes und des noch immer, trotz ähnlicher Experimente, bestehenden guten Geschmackes an. Um irgendeiner verschrobenen, perversen Auffassung von dem gegenseitigen Verhältnis von Mann und Weib Ausdruck zu geben, bedurfte es nicht der Erfindung einer grotesken, unästhetisch wirkenden Verwicklung, aus der mehr instinktiv als bewußt die Absicht des Autors herausgefischt werden sollte.«[2]

Manchmal dauerte es acht Tage, bis die wichtigsten Wiener Tageszeitungen in New York ankamen. Die Dame aus Wien hatte darauf bestanden, daß ihr die Zeitungen nachgeschickt würden. Das war das mindeste, was sie für sich verlangte. Bei einigen Journalen konnte es sogar passieren, daß sie mit einer Verspätung von mehreren Monaten eintrafen.

»Your magazines«, sagte der Rezeptionist des Savoy und überreichte ihr die Zeitungen in einem gebündelten Päckchen. Sie nahm sie und verschwand in Richtung Lift.

Der dunkelhäutige Liftboy grinste sie unverschämt breit an, dabei mochte er kaum vierzehn Jahre alt sein, der Bengel. Sie suchte in ihrer Handtasche nach einem Five-Pence-Stück, daß sie ihm geben wollte, wenn die Kabine endlich im achten Stockwerk angelangt sein würde. Die Neger sind eben frühreif, dachte sie, das liegt in der Rasse. Der Junge sah sie mit einem Blick an, den sie bei einem reifen Mann »verzehrend« genannt hätte. Eigentlich ist er bildhübsch, der Junge, auch wenn er schwarz ist und noch nicht ausgewachsen. Immer verlieben sich die Kleinen in mich! Sie seufzte leicht, als sie daran dachte, daß der Mann, den sie geheiratet hatte und der jetzt wieder müde und mißmutig da oben auf sie wartete, knapp einen Meter sechzig groß war, einen Kopf kleiner als sie.

»Maestro and his pretty girl«, wie die Amerikaner ihren Mann und sie liebevoll nannten, hatten im letzten Jahr ein Appartement im Hotel Majestic in der 72. Straße bewohnt. Zu Beginn der heurigen Saison waren sie aber hierher ins Savoy gezogen, wo auch Caruso sein Appartement hatte und andere Sänger der Metropolitan Opera. Caruso war ein reizender Kerl! So warmherzig und humorvoll. Der Toscanini dagegen konnte ihr gestohlen bleiben, für sie war er ein Abgesandter der Mailänder-Mafia, überheblich und ignorant.

»Er versucht dich aus der Met zu verdrängen, sagen wir es ruhig deutlich, du mußt etwas dagegen unternehmen! Schreib eine Protestnote an die Direktion! Toscanini hat vor, den Tristan zu dirigieren, und wenn er das wirklich macht, zerstört er damit alles, was du hier aufgebaut hast. Er soll seinen Verdi aufführen und den Puccini, aber Hände weg von Wagner! Wagner ist ein Deutscher!«

In der Direktionsetage der Met hatten seit Beginn der neuen Saison die Italiener das Sagen, allen voran der Direktor der Mailänder Scala. Irgendein Mister Kahn finanzierte das Haus mit seinen Millionen und durfte deswegen auch bestimmen, wer der nächste Direktor sein sollte. Entsetzlich der Gedanke, daß dieser Milliardär, der wahrscheinlich nicht die geringste Ahnung von Kunst, geschweige denn von Musik hatte, solche Entscheidungen traf!

»Hier sind die Verhältnisse anders. Und es ist mir auch egal, wer hier wen dirigiert. Amerika ist groß genug für zwei Dirigenten. Ich bin glücklich, nicht mehr die Verantwortung für jedes und alles tragen zu müssen wie an der Wiener Oper«, war die gleichbleibende Antwort ihres Gatten.

In Wien hat er sich so etwas nicht bieten lassen, erinnert sie sich, er ist alt und müde geworden, und seit eine Milliardärsgattin ihm ein eigenes Orchester finanziert, das New York Philharmonic Orchestra, hat er seinen Kampfgeist völlig verloren.

»Heute sind endlich wieder Zeitungen aus Wien gekommen. Ein wunderbarer Verriß über einen jungen Maler, der ein Theaterstück geschrieben hat. Ich krieg richtig Heimweh. Kokoschka – sagt dir der Name was? Soll ich dir vorlesen?«

»Nein«, hörte sie ihren Gatten aus dem Nebenzimmer antworten.

»Warum nicht? Es gibt doch nichts Schöneres, als einen Verriß über jemand anderen zu lesen.«

»Ich möchte schlafen.«

»Fühlst du dich nicht wohl? Soll ich den Doktor Fraenkel anrufen?«

»Nein.«

»Doktor Fraenkel kommt gern zu uns, das weißt du.«

»Zu uns? Zu dir«, antwortete er bitter.

Mißtrauen und Eifersucht ihr gegenüber quälten ihren Gatten von Jahr zu Jahr mehr, und damit vergällte er auch ihr den Spaß am Leben. Manchmal empfand sie seine Qualen als gerechte Strafe für seine Hybris, eine so junge Frau geheiratet zu haben.

Später dann, als der Maestro im Nebenzimmer sein Schläfchen hielt und die regelmäßigen Schnarchgeräusche sich mit dem leisen Trommeln des Regens auf das Vordach mischten, griff seine junge Frau, die man hier pretty girl nannte, was ihr schmeichelte, da sie im August bereits ihren dreißigsten Geburtstag feiern würde, nach der Flasche mit dem Absinth. Sie füllte ein Glas mit der grünlichen Flüssigkeit, trank es in einem Zug leer und wünschte sich, sie könnte wegfliegen.

Sie ging zum Fenster und schaute auf die hohen Gebäude am Rande des Central Parks und auf die Regenwolken, die vom Osten herüberzogen, vom Meer, von Europa, von Wien, wo es jetzt bereits Abend war, wo die Lichter im Zuschauerraum des Opernhauses gerade langsam verlöschten, während das aufgeregte Getuschel in den Logen allmählich verstummte. Sie spürte so eine Sehnsucht in sich.

Sie vermißte den Klatsch und Tratsch, die Abendeinladungen, die erregten Diskussionen nach einer Opernpremiere. Sie dachte an die erbitterten Schlachten, die sich die Brahms- und Wagneranhänger in Wien liefern konnten. Selbst die Hetze gegen ihren Gatten, die ihr und ihm die Entscheidung, Wien für immer zu verlassen, leicht gemacht hatte, schien ihr nun als ein Zeichen der Lebendigkeit und Begeisterungsfähigkeit der Wiener. Sie litt mittlerweile an krankhaftem Heimweh. Vielleicht war es gar nicht so abwegig, den Doktor Fraenkel rufen zu lassen, ihretwegen.

Sie dachte an die Villa ihres Stiefvaters Carl Moll am Stadtrand von Wien, auf der Hohen Warte. Auf der einen Seite waren die Weingärten des Kahlenbergs zum Greifen nahe, auf der anderen Seite lag einem die Stadt Wien zu Füßen. Dort wurde jetzt sicherlich gerade ein kleines Dinner vorbereitet, für die Künstler, die nach einer Premiere vorbeikamen, für die Sänger und Komponisten, Dichter und Schauspieler. Nach Mitternacht würde sich dann jemand an den Flügel setzen und spielen. Früher war sie das gewesen, alle hatten sie bewundert. Heute Nacht würde vielleicht Arthur Schnitzler an ihrem Platz sitzen, und seine Frau würde singen, Olga, die ihre Karriere als Sängerin für die ihres Gatten geopfert hatte. Eine Schicksalsschwester!

Sie vergrub ihr Gesicht in den Seiten des Neuen Wiener Journals, das Papier roch nach Leim und Leder, ein bißchen auch nach tranigem Fisch. In diesem Papier lebten Menschen, liebe Menschen, die jetzt so weit weg waren.

Sie zog mit dem Finger die Zeilen nach und strich zärtlich über die Namen jener Künstler, die sie kannte. Hier stand etwas über Hans Pfitzner, der sie so liebte, über Arnold Schönberg, ihren Studienkollegen, über Gustav Klimt, der ihr das Küssen beigebracht hatte, über Bruno Walter mit den schönen schwarzen Augen – und über den unglücklichen Alexander Zemlinsky, dem sie so weh getan hatte, als er an einem Dezemberabend vor sieben Jahren aus der Zeitung erfahren mußte, daß seine Geliebte, das Fräulein Alma Schindler, nun mit dem Hofoperndirektor Mahler verlobt sei. Zärtlich strich sie auch über den Namen des unbekannten jungen Malers, der mit seinem Theaterstück das distinguierte Wiener Publikum so wunderbar in Wut hatte bringen können, Oskar Kokoschka.

Sie goß sich ein weiters Glas Absinth ein, das müßte aber das letzte sein für heute, sagte sie sich, und sie schaute wieder in den Regenhimmel, und sie sehnte sich nach irgend etwas.

Der Leichnam lag auf einem Tisch in der Mitte des Zimmers. Der Körper war mit grünem Segeltuch abgedeckt, nur das Gesicht blieb frei. Die elektrische Lampe über dem Tisch gab genügend Licht zum Arbeiten.

»Sie können meine Pinsel verwenden«, sagte der Kunsthändler Carl Moll zu Oskar.

»Die Pinsel werden nachher nicht mehr zu gebrauchen sein«, gab Oskar zu bedenken.

»Ich bin ein sparsamer Mensch«, erwiderte Carl Moll, »aber ich werde doch nicht bei der Totenmaske meines Schwiegersohns sparen.« Daraufhin fuhr er mit einer Mietdroschke in die Stadt, um die Trauerfeierlichkeiten vorzubereiten.

Am Tag zuvor war bereits angeordnet worden, den Leichnam aus dem Wiener Sanatorium Löw in die Villa des Kunsthändlers zu überstellen. Das Sanatorium war seit dem frühen Morgen von Journalisten umlagert. Frech versuchten sie, bis zum Sterbezimmer vorzudringen, bewaffnet mit Notizblöcken und fotografischen Apparaten. Aber sie warteten umsonst. Die Überstellung hatte bereits in der Nacht vom 18. zum 19. Mai stattgefunden, zwischen halb zwei und zwei Uhr. Niemand hatte davon erfahren, und so würde Oskar hier unbehelligt von neugierigen Reportern arbeiten können.

Als Oskar zum ersten Mal an diesem Nachmittag den Raum betrat, drang ihm ein eigenartiger Geruch entgegen. Unwillkürlich schreckte er zurück. Der Geruch erinnerte an Bananen, an leicht angefaulte Bananen, süßlich und schwer. Oskar spähte in alle Ecken und Winkel, er schob die Bilderrahmen zur Seite und die Gemälde, die in Stapeln an der Wand lehnten – Naturalisten und Impressionisten, nicht einmal die Leinwand wert, die sie verunstalteten. Oskar hatte auch auf der Kommode in der hinteren dunklen Ecke, auf der allerlei Antiquitäten standen, nachgesehen, zwischen den silbernen Tabatieren, den Nippesfiguren, den bronzenen Jagdmotiven und den Putten aus Porzellan. Überall nur Staub und Spinnweben. Also mußte es der Leichnam sein, der diesen Geruch nach süßlichen, leicht verfaulten Bananen verströmte. Nicht unangenehm, aber doch befremdend, so daß Oskar am liebsten seine Sachen gepackt hätte und wieder gegangen wäre. Aber er brauchte das Geld. Der Kunsthändler zahlte gut für diese Arbeit, selbst fühlte er sich nicht dazu imstande, seinem Schwiegersohn die Totenmaske abzunehmen. Dreißig Kronen waren ausgemacht worden, unter der Bedingung, daß niemand erfahren durfte, daß nicht Carl Moll der Künstler war, der die Totenmaske angefertigt hatte, sondern ein junger, unbedeutender Maler. Dreißig Kronen waren bereits die ganze Monatsmiete für Oskars neues Atelier. Da gab es kein langes Überlegen.

Oskar öffnete das Säckchen mit Eisenoxyd und schüttete das rötliche Pulver in eine kleine Wasserschale. Er wählte den feinsten Marderpinsel, er befeuchtete die Spitze des Pinsels mit seinen Lippen. Das Marderhaar fühlte sich zart und fein an, wie das von Kindern. Zuerst trug Oskar die Rötelschicht auf die Augenpartie des Toten auf. Er zog die Lidfalten nach, die Augenbrauen und die Furchen an den Schläfen. Wie hart das Gesicht eines Toten ist, dachte Oskar. Und kalt wie Marmor. Nach sechzehn Stunden ist ein Mensch also hart.

Oskars Lehrmeister im Anfertigen von Totenmasken war der Steinmetz Andreas Petta, ein schwerer Trinker. Er hatte Oskar einmal anvertraut, daß er, wenn er so allein mit einem Toten sei, immer ein Gespräch beginne, ein sehr einseitiges verständlicherweise. Trotzdem könne er dabei vieles über das Wesen des Verstorbenen erfahren, was wiederum wichtig sei für den Ausdruck der Totenmaske. Oskar verspürte kein Bedürfnis, mit dem Leichnam zu sprechen. Er wollte seine Arbeit zu Ende bringen, das Geld kassieren und diesen Ort so schnell wie möglich verlassen.

Worüber sollte er sich auch mit dem Mann, von dem er nur

wußte, daß er ein berühmter Dirigent gewesen war, unterhalten? Über die ausverkauften Opernhäuser und Konzertsäle in New York und Hamburg, Petersburg und Prag? Oskar hatte die Zeitungsberichte im Kaffeehaus manchmal überflogen. Für diese Art von Musik, wie der Verstorbene sie dirigiert oder komponiert hatte, hat Oskar nie sonderliches Interesse gehabt. Diese Musik war ein Luxus der oberen Klassen. Als Junge hatte Oskar Musik nur während der sonntäglichen Kirchenbesuche zu hören bekommen. Er saß neben seinem Bruder in der rechten Kirchenbank, durch einen breiten Mittelgang von den Mädchen in den linken Bankreihen getrennt. Der schwere Duft nach Hyazinthen, Lilien und Weihrauch hatte ihn jedesmal in einen rauschartigen Zustand versetzt, den die inbrünstig gesungenen Chöre noch verstärkten, die den Reiz und die Reinheit der Gottesmutter priesen, ihren Leib und die Frucht ihres Leibes. »Gepriesen sei dein Leib!« Immer wieder der Leib und die Frucht des Leibes der Mutter Gottes. Und oben in der Kuppel die Barockmalereien. Plötzlich, mitten in der Mozartmesse, hatte Oskars Stimme mutiert, ein teuflisches Krächzen hatte sich seinem weit geöffneten Mündchen entwunden, und die majestätischen Kuppelfresken von Maulbertsch vor Augen war er ohnmächtig geworden.

Später verstand Oskar unter Musik das, was auf den kleinen Bühnen am Spittelberg von den Sängerinnen mit den schönen französischen Namen dargeboten wurde: Lieder mit obszönen Texten in breitem Wienerisch, ein larmoyanter Singsang; oder das, was er im Kabarett in Berlin gehört hatte, wo eine echte Französin aufgetreten war, die Oskar anschließend zeichnete. Sie hieß Yvette Gilbert, und das Portrait war bei ihr auf keine Begeisterung gestoßen. Die Künstlerin fand sich zu unvorteilhaft wiedergegeben, geradezu abstoßend. Zwanzig Kronen verlangte Oskar für ein Portrait. Das war nicht viel Geld, aber nur selten waren die, die sich von ihm zeichnen ließen, mit dem Ergebnis zufrieden, und sie weigerten sich zu zahlen – darum seine finanziellen Engpässe, darum seine Zusage, diese Totenmaske im Namen eines anderen herzustellen.

Die Rötelschicht war fertig. Das Gesicht des Toten hatte jetzt etwas von einem Indianer, die leicht gebogene schmale Nase verlieh ihm einen vogelartigen Ausdruck. Ein Inkakönig, dachte Oskar, aus dem fernen Land der Azteken. Oskar verspürte große Lust, dieses Gesicht etwas zu verzieren. Wenn er jetzt zum Beispiel mit einer dunkelbraunen Farbe die Linien längs der Nasenflügel und die tiefe Faltenpartie auf der Stirn nachzöge, dann würde daraus eine polynesische Maske mit Tätowierungen. Im Naturhistorischen Museum, gegenüber der Kunstsammlung der Alten Meister – die Oskar so gut wie nie besuchte, dazu fühlte er sich als Anfänger nicht reif genug –, in der Abteilung mit den Totems, den Masken, Geräten, Waffen und Webereien der Naturvölker, dort konnte Oskar oft stundenlang in die Gesichter einer versunkenen Kultur schauen. Wenn er auf die eingeritzten Tätowierungen starrte, spürte er, wie seine Gesichtsnerven an den gleichen Stellen reagierten.

Oskar stellte die Schale mit dem Gips bereit. Die Masse war griffig, aber immer noch elastisch genug, um sich gut an die Unterlage anzuschmiegen. Mit der ganzen Hand griff Oskar in die Schale und klatschte die weiße Masse auf das Indianergesicht, auf die feinnervigen Gesichtszüge. Oskar fühlte sich wie Gott. In einem umgekehrten Sinn. Er vollzog den Schöpfungsakt im Rückwärtsgang: Die fein ziselierten Gesichtszüge eines Künstlers von Weltformat wurden unter seinen Händen zu einem groben Patzen Gips. Zu nassem Staub, Erde, Lehm, zur Urform.

Die Nase des Dirigenten ragte immer noch hervor. Hier schien es ein Problem zu geben. Oskar untersuchte die Partie an den Nasenlöchern und zuckte zurück. Eine quarzig schimmernde, schleimige Flüssigkeit quoll aus dem rechten Nasenloch! Oskar schrie auf, er schrie den Toten an. Er solle gefälligst tot sein, sonst könne er, Oskar, seine Arbeit nicht machen. Die erste Begegnung zwischen den beiden Männern fand also statt, als der eine bereits außen so hart war wie Marmor, im Inneren aber noch oder schon wieder lebendig. Ohne eigentlich zu wissen warum, haßte Oskar diesen Mann, diesen Kopf, der vor ihm auf dem Tisch lag und darauf wartete, daß Oskar seinen Abdruck vornahm, auf daß die Nachwelt ihm huldigen könne. Damals wußte Oskar noch nicht, daß der Tote einmal sein Rivale sein würde, ein äußerst ausdauernder, stiller und zäher Rivale.

Plötzlich waren vom Gang her Schritte zu hören. Etwa schon Carl Moll? Sicher war es bereits Abend, und Oskar sollte längst mit seiner Arbeit fertig sein. Die Person draußen war bei der Tür angekommen, das Geräusch der Schritte war verstummt. Oskar sah, wie die Türklinke langsam nach unten gedrückt wurde, doch dann schnellte sie wieder nach oben, und die Schritte entfernten sich.

Oskar mußte sich beeilen. Der Gips in der Schale war inzwischen hart geworden, er mußte neuen anrühren. Als sich der Sack mit dem Gips nicht sogleich öffnen ließ, stach er kurzerhand mit der Kelle dagegen, noch einmal und noch einmal, bis der Sack platzte. Oskar spürte einen heißen Schmerz an seiner Hand. Die Kelle war abgerutscht und hatte sich in seine Handfläche gebohrt. Das Blut schoß hervor, als bestünde ein Überdruck in Oskars Inneren. Immer war es das gleiche, wenn er nur seine Fingerkuppen ritzte, ergoß sich eine Blutfontäne, als wäre eine Schlagader getroffen. Der weiße Gipsklumpen, aus dem immer noch die nackte Nase des Dirigenten ragte, färbte sich rot von Oskars Blut.

Draußen, am Ende des Gangs, gab es eine Gesindeküche, mit einem riesigen weißen Waschbecken aus englischem Porzellan. Mit Fließwasser. Dort wollte er seine Hand vom Blut reinwaschen und verbinden. Oskar lief den schwach beleuchteten Gang entlang. Da stand plötzlich das kleine Mädchen vor ihm. Einen Moment lang dachte Oskar, daß seine überreizte Phantasie ihm einen Streich spiele. Er hielt das Kind, das mit seinen kleinen Händen eine Schildkröte umklammert hielt, für eine Halluzination. Beide, das Tier und das Kind, schauten Oskar mit großen Augen an. Dann senkte das Kind den Blick und bestaunte die roten Tropfen, die Oskar auf den weißen Bodenfliesen zurückgelassen hatte.

Oskar stieß die Tür zur Gesindeküche auf.

»Was ist denn?«

Oskar stand in der offenen Tür und starrte auf die Frau. Die letzten Strahlen der Abendsonne fielen weiß durch das hochgelegene Fenster. Die Frau trug ein violettes Kleid aus gefältelter Seide, die hauchdünn war, so daß man das ganze Kleid durch einen Ehering hätte ziehen können. Ihr Haar leuchtete wie das der reuigen Magdalena venezianischer Meister.

»Was machen Sie da? Wer sind Sie?« Ihre Stimme klang scharf.

»Ich blute«, antwortete Oskar. Die Blutstropfen zu seinen Füßen waren nicht zu übersehen.

»Passen Sie doch auf! Sie versauen hier alles. Zeigen Sie her.« Die Frau war um einige Jahre älter als Oskar. Sie stand etwas unsicher auf den Beinen. Vor ihr auf dem Küchentisch lag ein Reisekoffer, wie man ihn auf Überseereisen verwendete. Der Deckel mit den Holzverstrebungen stand offen, und Oskar bemerkte, daß er mit Notenblättern vollgestopft war. Mit der rechten Hand stützte sich die Frau auf einen Berg von Papieren, mit der linken hielt sie eine Flasche hinter dem Rücken verborgen. Oskar sah die Flasche. Vor ihm konnte kein Mensch etwas verbergen.

»Zeigen Sie her«, wiederholte die Frau, und Oskar streckte ihr die verletzte Hand hin. Sie untersuchte den Schnitt an seiner Handfläche, dann hob sie den Blick und schaute in seine schiefgestellten, blauen Augen, und Oskar sah, daß die Frau Augen hatte wie zwei traurige Seen, und er fühlte, wie gut es ihm tat, in diese Seen einzutauchen.

Plötzlich spürte er ein Brennen an der verletzten Hand. Die Frau hat Schnaps über die offene Wunde geschüttet. Im nächsten Moment ist ihr Gesicht über seine Hand gebeugt, und mit einer schnellen Zungenbewegung schleckt sie über seinen Handballen. Kein Tropfen von dem Getränk darf verloren gehen. Während sie seine Hand mit einem Taschentuch aus geklöppelter Spitze verbindet, einem dafür völlig ungeeigneten Stück Stoff, redet sie in einem fort und beteuert, es sei nicht ihre Schuld, daß der Dirigent, den sie »Mahler« nennt, als wäre er ein Fremder, nun tot sei. Er sei immer schon krank gewesen, schon vor der Hochzeit. Sie sagt nicht »mein Mann« oder »Gustav«. Sie nennt ihn »Mahler«. Sie spricht von Streptokokken in Mahlers Blut, von verschleppter Angina, einem angeborenen Herzfehler und von einer jüdischen Krankheitsanfälligkeit, einem Zeichen der Degeneration. Ganz Wien habe Mahler für einen Glückspilz gehalten, weil sich eine so schöne und starke Christin mit ihm verheiratet hat.

Oskar ist es unmöglich, sich auf ihre Worte zu konzentrieren. Es ist ihm auch völlig gleichgültig, was sie sagt. Wichtig ist nur, daß sie jetzt nicht weggeht, daß sie bleibt. Er spürt, daß ihr Atem nach Schnaps riecht und heiß ist und immer näher kommt. Schon kann er ihr Haar riechen, es duftet nach Talg und Staub, ein Geruch, nach dem er sich von nun an immer sehnen wird.

Sie legt ihren Kopf auf seine Schulter und weint. Fest drückt sie sich an ihn. Er spürt ihre weichen Brüste, er fühlt jede Rundung und jede Höhlung dieses anderen Körpers, der sich ihm anvertraut.

Noch nie war Oskar einer Frau so nahe.

»Alma!« ruft Carl Moll. Almas Stiefvater ist zurückgekehrt. Mit dem kleinen Mädchen an der Hand steht er plötzlich in der Gesindeküche. »Du mußt dich um deine Tochter kümmern, sie ist krank!«

In seinem schwarzen Mantel, mit dem gewaltigen, schwarzen Bart und den wilden Augenbrauen erschien er Oskar wie ein großer Vogel.

Das Mädchen setzte die Schildkröte auf den Küchenboden und ging zu seiner Mutter. Die kleinen Hände zerrten und zogen an Almas Kleid. Oskar bemerkte, mit welch unwilliger Geste Alma die Hände des Mädchens wegschob, er glaubte, daß sie verärgert sei, weil sie lieber mit ihm allein geblieben wäre.

Als Oskar mit seiner Arbeit fertig war und das Haus verließ, hielt er das blutdurchtränkte Spitzentüchlein immer noch fest um seine Hand gewickelt. Er ging die Stufen hinauf, die vom Souterrain in den Vorgarten führten. Er verließ die Villa so, wie er gekommen war, durch die Gesindetür.

Es war dunkel geworden. Im Vorgarten duftete schwer der Flieder. Im Haus spielte jemand Klavier. Die Musik ist eine Erfindung des Menschen, ein reiner Luxus, dachte Oskar, für das Überleben vollkommen unnotwendig. Genauso wie der Fliederduft in den Abendstunden, da doch kein einziges Insekt mehr an seinem Nektar interessiert ist. Oskar blieb stehen und lauschte dem Klavierspiel.

Eigentlich hatte sich Alma vorgenommen, diesen Reisekoffer in der Küche nicht anzurühren. Ganz unten, auf dem Grund, unter all diesem Notenmaterial ihres verstorbenen Gatten, lag ein Teil ihrer selbst begraben, ihre Seele: ihre eigenen Kompositionen. Lieder, die sie vor ihrer Hochzeit geschrieben hatte, schwierige Passagen waren darin enthalten, in denen sie mit der Überwindung der Tonalität gerungen hatte. Jetzt saß sie am Klavier, vor sich die handgeschriebenen Noten, sie berührte die Tasten, ganz leicht nur, sie hatte Angst vor dem ersten Anschlag, sie fürchtete, ihre Finger könnten in der langen Zeit ohne Übung steif geworden sein. Sie waren tatsächlich nicht mehr so geschmeidig wie früher.

Allmählich spürte sie, wie das Instrument wieder auf sie reagierte, auf jede feine Bewegung ihrer Finger antwortete wie ein Tier, das gestreichelt werden wollte, wie der Körper eines Mannes. Eine kleine Hand legte sich auf die ihre.

»Du darfst nicht spielen«, sagte Gucki. Das Mädchen hieß eigentlich Anna, wie Almas Mutter, aber von klein auf nannte sie jeder in der Familie Gucki, ihrer großen Augen wegen. »Sie wird schön wie die Mama«, hieß es, »seht euch nur ihre Augen an! Aber vom Vater hat sie das künstlerische Genie geerbt.«

Alma sah den harten Ausdruck in den Augen ihrer Tochter. Ein Erbe des Vaters, dachte sie, und sie mußte ihren Blick abwenden, bevor sie antwortete: »Dein Papa ist tot.«

Die Tasten fühlten sich kühl und angenehm an.

Gucki ging zum Fenster und schob den leichten Vorhang etwas zur Seite. Sie sah unten im Vorgarten diesen Mann stehen, der mit ihrer Mutter in der Küche gewesen war und der den Fliesenboden voller Blut gemacht hatte.

»Was will der Mann? Wer ist er?« fragte Gucki. »Er macht mir Angst – wie der schaut!«

»Der will nichts von dir, geh weg vom Fenster«, sagte Alma. Sie fand es bedenklich, daß ihre Tochter ein so starkes Interesse an den Männern entwickelte, die sich in sie verliebt hatten.

Oskar schaute zu dem beleuchteten Fenster im ersten Stock der Villa hinauf. Die Fensterflügel waren geöffnet. Oskar sah das Kind, und er hörte Almas Stimme. Plötzlich meinte er sie selbst am Fenster zu sehen, wie sie die Bänder am Ausschnitt ihres dünnes Chiffonkleides öffnete und eine gleißende Helligkeit von dort ausging, wo eigentlich ihre nackten Brüste sein sollten. Oskar wußte, daß das bloß eine von seinen Phantasien war, denn nun hörte er wieder ihr Klavierspiel. Ein Vers fiel ihm ein, und er dachte, daß sein nächstes Theaterstück so beginnen könnte:

Ein alter Mann hielt Winter lang einen Vogel.
Als es Frühling war,
litt es nicht länger den Vogel,
daß er vergaß zu singen gar. [3]

Eine Schauspielerin sollte auf der Bühne liegen, mit nichts als einem Bettlaken umhüllt. Wenn sie sich aufrichtete, sollten ihre weißen Brüste im Scheinwerferlicht glänzen und ihr langes Haar wie Wasserkämme die Beine hinabfließen. Dem Mann, der unter ihrem Fenster wartete, sollte sie zurufen: »Ich hungere vor Liebe! Meine Stimme will sein deines Mundes Süße, meine Scham verdunkelt dein Erröten. Ich habe immer nur dich gesucht!«[4] Aber der Mann würde sich abwenden und weggehen, er würde sich nicht verlocken lassen und nicht verführen. Nicht aus Angst vor der Frau, sondern weil er sie wirklich liebte, weil er ihre Reinheit liebte und weil er wußte, daß die einzige Möglichkeit, ihre Seele zu retten, seine Keuschheit war.

Am nächsten Tag begannen die Trauerfeierlichkeiten. Im Hotel Imperial wurde ein Essen für hundert ausgewählte Trauergäste serviert. Carl Moll hatte eine Suite gemietet, wohin sich die nächsten Anverwandten des Verstorbenen zurückziehen konnten. Das waren außer Alma seine Schwester Justine, die Tochter Gucki und Almas Mutter, mit der Gustav Mahler zeit seines Lebens besser harmoniert hatte als mit seiner Frau. Wer Alma kondolieren wollte, mußte sich in die Suite begeben. Selbst Franz Ferdinand kam, der Thronfolger, ein unfreundlicher, dickleibiger Mann mit Stachelbeeraugen und Bürstenhaarschnitt. Er hatte vom Kaiser den Ehrenschutz über die Kunst überantwortet bekommen. Der Kaiser galt in Fragen der Kunst ja als liberal, aber sein Neffe war wenig gebildet, und die Künstler fürchteten seine restriktiven Weisungen. Die Damen an Almas Seite sanken vor dem Thronfolger in einen tiefen Hofknicks. Alma blieb stehen, nie würde sie vor diesem Menschen niederknien. Franz Ferdinand hatte vor einigen Jahren sehr eifrig dazu beigetragen, Mahler aus Wien zu vertreiben, seine Kondolenz war nichts als Etikette.

»Der Tod Ihres Gatten ist ein Verlust für die Monarchie«, bellte der Thronfolger. Alma fühlte wieder diesen Druck in ihrer Brust, der sie seit Tagen quälte. Wie von einer Faust wurde ihr Herz umklammert. Ein Glas Absinth könnte jetzt helfen! Aber noch defilierten die Trauergäste an ihr vorüber, mit ihren immer gleichen Floskeln: Verlust für die Welt – unersetzbar – dieses Genie. Wie von Watte gedämpft drangen die Worte zu ihr. Gleich werde ich ohnmächtig, dachte Alma.

»Etwas erhöhter Puls, das ist alles sehr anstrengend für Sie. Ich gebe Ihnen nachher ein Verolan.« Alma spürte einen vertrauten Griff an ihrem Handgelenk: Doktor Fraenkel, der gute, der kleine spitzbärtige Arzt, der während der letzten Lebensjahre Mahlers so unentbehrlich geworden war. Alma lächelte den Arzt dankbar an, worauf jener sich näher zu ihr beugte und in ihr linkes Ohr flüsterte – am rechten hörte sie schlecht, das wußte er als ihr Arzt: »Du solltest für ein paar Tage raus aus Wien, wenn das hier vorüber ist, Kind. Ich habe ein Appartement im Hotel in Abbazia reservieren lassen.«

»Sie sind der erste, der sich heute nicht nur für den Verstorbenen interessiert, sondern für mich. Danke, Doktor.« Sofort ging es ihr wieder besser, auch ohne Verolan.

Oskar verbrachte den Abend in seinem neuen Atelier. Er hatte sich vorgenommen, an einem Stilleben weiterzuarbeiten, aber die Karbidlampe flackerte und gab nur schwaches Licht. Auch das unaufhörliche Gesumme der Fleischfliegen störte ihn, und die Vorlage für das Stilleben, ein gehäutetes Lämmchen, stank bereits. Da nützte auch der Duft der weißen Hyazinthen nicht viel, die Oskar neben dem Kadaver arrangiert hatte.

Die Wunde an seiner Hand schmerzte immer noch bei jeder Berührung. Heute würde er nicht arbeiten können.

Das Spitzentüchlein hatte er inzwischen gesäubert und zum Trocknen an der Staffelei befestigt, die Blutflecken waren aber immer noch als dunkles Braun zu erkennen. Oskar stand die meiste Zeit vor der Staffelei und starrte auf das eingestickte Monogramm in dem Tüchlein und dachte: Das kann kein Glück bringen, wenn man sich in eine Frau verliebt, die gerade Witwe geworden ist.

Später kam Oskars Mutter mit der frischen Wäsche vorbei. Der stinkende Tierkadaver ließ sie ihre ständig gleichlautende Prophezeiung wiederholen: »Wie soll's denn jemand aushalten, mit dir zu leben? Du wirst nie eine Frau kriegen.«

»Ich brauch eh keine«, erwiderte er trotzig.

Seit Lilith Lang die Kunstgewerbeschule verlassen hatte, um in Deutschland einen Journalisten zu heiraten, war Oskar in keine Frau mehr verliebt gewesen. Er fühlte sich wie ein alter Mann, der das Leben und die Liebe bereits hinter sich hat. Dabei hatte er es nie gewagt, Lilith anzurühren. Er hatte sie gezeichnet. In den

Abendkursen war sie Modell gestanden. Ein dünnes Tuch aus weißem Molino hatte ihren knabenhaften Körper bedeckt, diesen Körper, der nicht unter Adam hatte liegen wollen und der selbst Gottvater verführt hatte. Zur Strafe ließ Gott sie später zu einer Nachtmahr werden, die sich den schlafenden jungen Männern auf die Brust setzt und ihren im Traum vergossenen Samen aus dem Laken schleckt. Sie gebiert dann kleine böse Bastarde. Wenn der arme Mann endlich gestorben ist, werden sie um sein Grab tanzen und ihn nicht einmal dort zur Ruhe kommen lassen. Oskar erschrak vor der Anzahl der Kinder, die er bereits mit Lilith hatte, vor den vielen hundert kleinen Alben, die einmal um seinen ausgestreckten kalten Leichnam tanzen würden. Noch träumte er jede Nacht von Lilith.

Als die Mutter endlich gegangen war, schlüpfte Oskar in seine weißen Lackschuhe. Das kleine Loch im linken Schuh deckte er mit einem Stück Papier ab, das er über die Socke schob. Sein Mantel war aus feinstem englischen Homespun, aber an den Ellenbogen war er bereits sehr fadenscheinig, und am Kragen hatten sich die Motten eingenistet. Eine violette, seidene Fliege mit weißen Tupfen, die mit einem Gummiband den hohen Kragen zusammenhielt, vollendete seine Aufmachung. Er ging noch einmal aus.

Die American Bar in der Kärtnerstraße öffnete immer erst um neun Uhr abends. Ihr Name prangte über dem Portal auf einem färbigen Schild aus Glasmosaiken, das die amerikanische Flagge darstellte. Nach zehn Uhr, wenn die Hofoper und die Konzerte aus waren, kamen die finanzkräftigen ausländischen Gäste, Amerikaner zumeist, die das echte Wiener Bohemienleben kennenlernen wollten. Künstler wie Oskar waren geduldet, wenn sie sich einigermaßen diszipliniert verhielten und es ihrer nicht zu viele wurden. Sie machten das gewisse Flair der Bar aus, ergänzten sozusagen das Mobiliar, das aus drei achteckigen Tischchen mit opaleszierenden Glasplatten in den Sitznischen bestand. Der Raum war winzig, aber die Spiegel, die oberhalb der Marmorpaneele angebracht waren, verliehen ihm eine Dimension der Unendlichkeit.

Oskar war heute abend der einzige Gast in der Bar. Die Oper hatte geschlossen, auch die Konzerte waren abgesagt, alles wegen der Trauerfeierlichkeiten für den verstorbenen ehemaligen Hofoperndirektor. Er ließ sich ein Glas Whiskey servieren. Als der Barkeeper das Glas abstellte, leuchtete plötzlich die Tischplatte mondhell auf.

»Sie sind der erste, der das zu sehen bekommt. Schlichte elektrische Glühlampen unter den Tischplatten – und was für ein Effekt! Was sagen Sie dazu, Oskar?« Ein schlanker, eleganter Herr trat aus einer Nische hinter dem Tresen hervor, wo sich der Kasten für die elektrischen Sicherungen befand.

»Bravo«, antwortete Oskar, »ich werde Sie bei meiner nächsten Theateraufführung als Beleuchter engagieren, Herr Loos.«

Adolf Loos war Architekt. Diese Bar war kürzlich erst nach seinen Anweisungen ausgestaltet worden, aber es fielen ihm immer wieder kleine Verbesserungen ein, so wie jetzt die magische Beleuchtung der Tische.

Das von unten kommende Licht brach sich im Whiskeyglas, die Eiswürfel sahen aus wie kleine Goldbarren. Der Whiskey würde das unangenehme Hungergefühl dämpfen, Oskar hatte den ganzen Tag noch nichts Richtiges gegessen. Seit er nicht mehr bei der Mutter lebte, war er sich selbst gegenüber nachlässig geworden. Adolf Loos trank wie immer ein Glas Buttermilch. Er war mindestens zwanzig Jahre älter als Oskar. Wie ein Sohn nahm der auch die Fürsorge von Adolf Loos ganz selbstverständlich entgegen, ohne jemals danke zu sagen.

»Ich könnte Ihnen wieder einen Portraitauftrag verschaffen, Oskar, aber diesmal etwas Größeres. Ich bin ja bloß ein einfacher Wohnungseinrichter, aber bei den Leuten, die mich engagieren, spielt Geld keine Rolle.« Adolf Loos spielte sein eigenes Talent gerne herunter. Er sei nichts als ein gelernter Maurer, in Chicago habe er auf den Gerüsten von Wolkenkratzern sein Handwerk erlernt, sagte er. Seither weiß er, was der Mensch zum Wohnen wirklich braucht: keinen Zierat, keine Imitation, sondern gutes, ehrliches Material wie Beton, Holz und Stein. Sein Vater, ein einfacher Steinmetz in Mähren, hat ihm beigebracht, die einzelnen Marmorarten zu unterscheiden und die Schönheit der glatten Fläche zu erkennen. Das ist seine einzige Ausbildung gewesen, und er versteht eigentlich gar nicht, warum die feine Gesellschaft in Wien so gierig darauf ist, sich von ihm beraten zu lassen. – Zu seinem unkonventionellen Auftreten gehörte auch, daß er jedem seiner Kunden Oskar als Portraitmaler empfahl.

»Sie malen doch noch Portraits?«

Oskar zuckte die Achseln. Es hatte schon lange niemand mehr ein Portrait bei ihm bestellt. Seine Freunde, Schauspieler und Schriftsteller, waren ohne Engagement oder fanden keinen Verleger, keiner von denen hätte ein Bild kaufen können. Oskar schenkte ihnen die Skizzen und die kleinen Portraitzeichnungen, mit kurzen Widmungen versehen. Ein paar Ölbilder standen in der Galerie Miethke in der Dorotheergasse, wo sie der Kunsthändler Carl Moll untergebracht hatte, irgendwo in einem der hintersten Winkel, denn Herr Miethke, der Besitzer der Galerie, wollte seine Kunden nicht abschrecken, wie er sagte. Wenn jemand käme, der sich für den Verrückten interessiere, würde er ihm die Bilder schon zeigen. Miethkes Kunden waren die gutbürgerlichen, konservativen Wiener. Gemälde betrachteten sie als Wandschmuck. Sie suchten in der Kunst das Schöne und Erhabene, das sie in Oskars Bildern aber nicht finden konnten, denn von diesen Bildern starrten ihnen Fratzen entgegen, Köpfe, die aussahen, als seien sie schon im Grab gelegen, verkrüppelte Gliedmaßen, verwestes Fleisch. Ein Blick auf diese Arbeiten konnte aber manchmal einen geschäftsfördernden Nervenkitzel bewirken, so gut kannte Miethke seine Kunden. Das Schaudern vor Oskars Bildern bekräftigte ihre Entscheidung zum Kauf eines dekorativen Symbolisten oder einer romantischen impressionistischen Landschaft.

»Oder wollen Sie sich jetzt etwa wieder der dramatischen Kunst widmen?« Die Stimme des Architekten klang besorgt. Durch die mißglückte Theateraufführung vor zwei Jahren war Oskar zwar in ganz Wien bekannt geworden, er galt als Bürgerschreck, aber als Künstler nahm ihn niemand richtig ernst.

An einer einzigen Ausstellung hatte er sich beteiligen dürfen, das war vor ein paar Monaten gewesen. Die Markthalle in der Zedlitzgasse war kurzfristig einer Gruppe von modernen Künstlern, die sich Hagenbund nannte, zur Verfügung gestellt worden. Der Thronfolger Erzherzog Ferdinand hatte in seiner Funktion als oberster Kunstkurator noch vor der Eröffnung die Ausstellung besichtigt und sich höchst entsetzt gezeigt. »Welcher Verbrecher hat das gemalt?« soll er ausgerufen haben, als er vor einem von Oskars Bildern stand. »Diesem Menschen gehören die Finger einzeln gebrochen, damit er nie wieder einen Pinsel in die Hand nimmt!« Das Malverbot des Thronfolgers hielt Oskar weniger von der Arbeit ab als die Tatsache, daß er kein Geld mehr hatte, um Pigmentpulver und Leinwand zu kaufen.

Während Adolf Loos schluckweise seine Buttermilch trank, hatte Oskar auf die Rückseite der Getränkekarte ein Portrait seines Freundes gezeichnet, so ganz nebenbei, wie er das oft tat. In einer einzigen durchgehenden Linie. Da war kein Strich zuviel auf dem Papier. Das war es, was der Architekt an dem jungen Künstler so schätzte, da gab es keine Schraffierungen und keine Ornamente, wie sie bei den anderen Malern in Mode waren, nur die reine Linie, zielsicher und unverschämt wie die Zeichnung eines Kindes. Ein Jammer, daß keiner außer ihm, Adolf Loos, diese Begabung erkannte! Ein Verbrechen, daß man so einen Künstler in Wien verhungern ließ!

»Wieviel verlangen Sie dafür?« Obwohl die beiden einander nun schon länger kannten, blieben sie bei der förmlichen Anrede.

»Eine Zigarette, wenn ich sie gleich haben kann.«

»Gut.« Der Architekt ließ die silberne Zigarettendose aufschnappen und bot Oskar eine Ägyptische an. »Ich handle nie.«

Oskar griff nach einer Zigarette, eine zweite steckte er als Reserve hinter das Ohr, dann ließ er sich Feuer geben. Nach den ersten Zügen war er endlich das nagende Hungergefühl los.

»Warum haben Sie mir einen Bart gezeichnet? Ich trage keinen Bart.« Adolf Loos strich mit dem Finger wie prüfend über seine schmale Oberlippe.

Etwas umständlich versuchte Oskar zu erklären, daß beim Portraitieren immer ein Energieaustausch stattfand und daß er weniger in das Gesicht als in das Innere seines Gegenübers schaute. Daher kam es wohl, daß er die Menschen manchmal so zeichnete, wie sie vielleicht erst später aussehen würden.

Loos lächelte. »Erlauben Sie, daß ich mich mit einer kleineren Summe an den Auslagen, die Sie für den Kauf von Pigmentfarben haben werden, beteilige«, sagte er und entnahm seinem Portemonnaie einen Geldschein. Die Zeichnung steckte er in die Tasche seines feinen englischen Rockes, sorgfältig darauf bedacht, das Blatt nicht zu knicken. Er würde sich jetzt wohl einen Bart wachsen lassen, dachte er, denn er wollte seinen jungen Freund, der so von seiner Sehergabe überzeugt war, nicht enttäuschen.

Oskar Kokoschka war für den späten Nachmittag des 14. April 1912 in die Moll-Villa auf die Hohe Warte bestellt worden. Man hatte ihm ausrichten lassen, er soll seinen Skizzenblock mitnehmen, Stifte und alles übrige, was er für Vorstudien zu einem Portrait brauche.

Es regnete seit dem frühen Morgen, und der Geruch von Erde und Frühling lag über der Stadt. Die Straßen in den Außenbezirken hatten sich in braune Bäche verwandelt. Wer zu Fuß unterwegs war, mußte gute Schuhe haben. Oskars elegante Lackschuhe waren für dieses Wetter höchst ungeeignet, bei jedem Schritt drang das Wasser durch die undichten Stellen.

Vor der Villa parkten einige Autos. Prominente und wohlhabende Leute verkehrten hier, denen Carl Moll hin und wieder Originalgemälde, vorwiegend venezianische Meister, verschaffte, die er geschickt über die Grenze zu schmuggeln wußte. Eine dunkle Seite des Geschäftsmannes, aber eine gewinnbringende. Oskar betrat das Haus diesmal nicht mehr durch den Gesindeeingang, sondern über die Vordertreppe.

Das Dienstmädel bat Oskar zu warten, die Eingangshalle war überladen mit orientalischen Kunstschätzen, mit chinesischen Vasen, persischen Wandteppichen und afrikanischen Skulpturen, dazwischen riesige Arrangements aus Straußenfedern. Der Hausherr war sicherlich kein Kunde von Adolf Loos, dachte Oskar, und er fragte sich, wer ihn wohl hier als Portraitisten empfohlen habe. Aus dem angrenzenden Salon hörte er Klavierspiel.

»Hier sind Sie also«, begrüßte ihn Carl Moll. Er wirkte äußerst gut gelaunt. Er öffnete die Tür zum Salon und bat ihn herein.

Dort hatten etwa zehn Menschen Platz genommen. Im nachhinein hat Oskar erfahren, daß der Dichter Arthur Schnitzler mit seiner Gattin Olga zu Besuch war, der Dirigent Bruno Walter und der berühmte Neurologe Joseph Fraenkel. Welche Persönlichkeiten das auch gewesen sein mochten – Oskar hatte nur Augen für Alma Mahler, die am Klavier saß und spielte.

Vor einem Jahr war er ihr in diesem Haus begegnet. Er hatte versucht, sie zu vergessen. Er hatte sich eingeredet, daß ihre Umarmung damals nur eine von seinen Phantasien gewesen war.

»Meine Stieftochter Alma möchte sich von Ihnen portraitieren lassen. Ich halte das für eine gute Idee. Möchten Sie vorher noch etwas essen?« Oskar gab keine Antwort. Alma hatte ihn bereits bemerkt, sie wandte ihm den Kopf zu und lächelte. Dann begann sie zu singen. Sie sang nur für ihn.

»Am gscheitesten ist es, ihr beide geht dann hinauf ins obere Stockwerk. Da ist es jetzt noch hell genug.« Mit gedämpfter Stimme redete Carl Moll weiter, von den besseren Ausstellungsmöglichkeiten, die er für den jungen Künstler wüßte, daß die Galerie Miethke wahrscheinlich nicht das richtige für ihn sei, aber es gäbe ja Möglichkeiten, seine Bilder ins Ausland zu schicken. Er redete und redete, aber Oskar hörte ihm nicht zu. Er hörte nur auf die Worte, die Alma sang, sie sang von Liebe und Tod.

Die Gäste waren bereits im Aufbruch, und Carl Moll war nun voll und ganz damit beschäftigt, auf seine Neuerwerbungen aus Italien aufmerksam zu machen, es sei ein Tintoretto dabei und ein Bellini, ein Gemälde könne sogar von Tizian stammen.

Das Dienstmädel, das Natalja hieß und ihrer Aussprache nach aus Czernowitz kam, führte Oskar in ein Zimmer im Obergeschoß. Im Gegensatz zum sonst so üppigen Stil der Villa war dieser Raum angenehm karg eingerichtet, eine Couch, ein Klavier, ein Schreibtisch, das war alles. Auf einem Piedestal lag die Maske, die Totenmaske Gustav Mahlers. Oskar glaubte ein feines, spöttisches Lächeln an ihr zu bemerken. Er war noch keine drei Minuten hier, als Alma die Tür aufstieß, während sie den Besuchern unten in der Eingangshalle noch zurief: »Grüß Euch, lebt's wohl! – Bis bald! Ich komme zur Premiere vom Weiten Land – aber sicher komme ich – schon wegen dem Hofreiter, der erinnert mich so an den Burkhart – der war ja ganz gegen meine Heirat – also, jetzt laßt uns endlich in Ruh und stört uns nicht!« Dann schloß sie die Tür, und Oskar war mit ihr allein. Sie schaute ihn an und lächelte.

»Ist ihre Hand wieder gut?«

»Ja«, antwortete Oskar knapp.

»Ich hab Ihre Kritiken gelesen. Sehr beeindruckend. Einen Räudigen der Gesellschaft nennt Sie der Strzygowski in der Zeit, wenn man Ihre Bilder zu lange ansieht, dann kriegt man die Syphilis.«

»Ich lese keine Kritiken«, wehrte Oskar ab.

»Nein?« Alma tat erstaunt, und schon plauderte sie weiter. Sie kannte alle Verrisse, die über Oskars Bilder in der Hagenbundausstellung geschrieben worden waren, sie konnte Stellen daraus zitieren, dabei lachte sie und endete mit: »Keine Angst, ich halte davon überhaupt nichts. Die Neidischen und Unfruchtbaren werden Kritiker, und dann speien sie Gift, wenn sie auf eine Begabung stoßen.« Dann schwieg sie. Sie erschien ihm von einer beinahe verletzenden Schönheit. Alles an ihr war weich und rund und duftend. Ihr lachsfarbenes Kleid reichte bis zum Boden, alles verhüllend. Aber wenn sie sich umdrehte, sah er ihr tiefes Rückendekolleté und das blonde Flaumhaar, das an ihrem Nacken wuchs.

Oskar zog die Vorhänge zu, dann wieder auf. Er maß Länge und Breite des Zimmers mit seinen Schritten ab, die durchnäßten Schuhsohlen machten bei jedem Schritt ein schlabberndes Geräusch. Alma stellte zwei Gläser bereit und eine Schale mit Schokopralinen. Im Vorübergehen nahm er ein Stück Konfekt, das Glas Absinth lehnte er ab. Endlich setzte er sich nieder, nahm seinen Zeichenblock und begann mit Kohlestift hastig zu skizzieren. Der Kohlestift zerbrach. Er verwischte die Linien mit der Hand, zerknüllte das Papier, warf es zu Boden. In kurzer Zeit war der Boden übersät mit verworfenen Zeichnungen.

»Sie dürfen nicht so dastehen! Ich kann Sie nicht zeichnen, wenn Sie so starr stehen!« sagte Oskar, und seine Stimme klang seltsam rauh. Alma lehnte am Klavier, in einer Hand ihr Glas, das nun schon zum dritten Mal gefüllt war. Mit der anderen Hand strich sie fortwährend ihr Kleid glatt.

»Ja, dann sagen Sie mir, was ich tun soll. Wie möchten Sie mich sehen? Stellen Sie mich hin, wie Sie mich haben wollen! Ich bringe jedes Opfer für die Kunst!«

Sie spreizte ihre Arme aus wie eine Puppe und machte ein paar abgehackte Bewegungen. Wenn er es wünsche, dann wäre sie seine Olympia, sagte sie und lachte. Die Gläser Absinth zeigten bereits Wirkung. Wer er denn in diesem Spiel sein wolle, fragte sie weiter, der Doktor Coppelius, der die Puppe in Auftrag gegeben hat, oder Hoffmann, der Dichter, der in die Puppe verliebt war.

Er wisse leider nicht, wovon die Rede sei, wandte Oskar ein.

»Gehen Sie nie in die Oper?«

»Nein.«

»Nein?« Sie war ehrlich entsetzt. »Ich werde mit Ihnen in die Oper gehen müssen!«

Sie setzte sich ans Klavier.

»Keine Angst, ich verschone Sie, ich werde nicht singen, die Arie der Olympia ist reinste Koloratur, so etwas kann ich nicht. Die ganze Oper ist nicht viel wert, Gebrauchsmusik, aber das Libretto ist hübsch: Ein Dichter verliebt sich in eine Puppe, er hält sie für eine Menschenfrau, dabei ist sie nur ein kunstvoll gebautes Instrument. Er merkt den Betrug nicht, weil er sie mit den Augen der Liebe betrachtet.«

Sie spielte und redete gleichzeitig, und ihre Finger liefen wie kleine Maschinen ganz von selbst über die Tasten. Wenn sie so plauderte und Klavier spielte, war es besser. Ein Modell mußte immer in Bewegung sein, es sollte vergessen, daß es gemalt wird. Nur so konnte Oskar hinter die Maske sehen, die die Menschen so gerne aufsetzten, nur so konnte er das wahre Wesen erkennen, die Seele des Menschen, denn nichts anderes wollte er malen als die Seele.

» – die Geschichte endet leider tragisch, denn der Doktor Coppelius zerstört die Puppe am Ende, und der Dichter verliert seine Geliebte. Sie war ja nichts anderes als eine perfekt gebaute Imitation mit einem Uhrwerk in ihrem Inneren.« Almas Finger glitten immer langsamer über die Tasten, bis die Melodie zerbröckelte, zerbrach, stillstand wie das Uhrwerk der Olympia.

Dann stand sie auf, um ein weiteres Glas einzuschenken.

»Zeigen Sie her, was Sie gezeichnet haben!« Sie stand hinter ihm und stützte sich mit der Hand an seiner Schulter ab. »Wie schau ich denn da aus? Sie haben mir einen Bauch gezeichnet, als wär ich schwanger! Sie haben mich ja gar nicht richtig angeschaut!«

Wie sie so nahe bei ihm stand, da roch er wieder diesen Duft nach Talg und Staub.

»Ich muß Sie nicht anschauen. Ich spüre Sie in mir drinnen. Eigentlich immer schon.«

Schön hat er das gesagt, dachte Alma. Daß er malen könne, davon habe sie sich ja überzeugt, sagte sie laut, sie habe ein Bild gesehen, das in der Galerie Miethke ganz hinten versteckt war, mit einem toten Lamm drauf und Ratten und einer Schildkröte. Das beste, was sie je gesehen habe. Auch wenn die anderen Nebochanten ihn nicht verstünden, sie, Alma, habe ein todsicheres Gespür dafür, wer ein Künstler sei und wer nicht.

»Es gibt so viele sogenannte Maler«, Alma sprach immer sehr laut, wenn sie zuviel getrunken hatte, »die malen nicht, die sind Abschreiber! Die wollen ihre Ruhe und Behaglichkeit! Schaun Sie sich den Klimt an – nichts mehr dran! Und warum? Weil er sich mit wertlosen Weibern umgibt!« Sie wankte leicht. »Oskar – ich darf doch Oskar sagen? Sie sind ein ganz besonderer Künstler. Sie haben keine Angst vor dem Leben wie die anderen.«

Sie kniete neben ihm nieder und schaute ihm offen ins Gesicht. Ihre Wangen waren vom Alkohol gerötet. »Darf ich Ihre Freundin sein? Ich bin ganz sicher, Oskar, Sie werden ein Bild von mir malen, das mich so berühmt machen wird wie die Mona Lisa. Oder besser noch, wie die reuige Magdalena, die der Tizian gemalt hat. Das kannst du!« Daraufhin verlor sie ihr Gleichgewicht und kippte wie ein Sack zu Boden.

Oskar half ihr auf und brachte sie zur Couch. Alma schlief augenblicklich ein. Behutsam deckte er sie zu, sammelte seine Skizzen ein und verließ leise den Raum.

Noch in derselben Nacht, als er wieder zuhause in seinem Atelier war, nahm er Papier und Feder und schrieb einen Brief an Alma Mahler. Er nannte sie »meine Freundin« und bat sie, seine Frau zu werden – vorerst noch im geheimen, solange er noch arm war.

Alma liebte es, sich durch die Stadt chauffieren zu lassen. Wenn zudem noch ihre Freundin Lilly Lieser hinter dem Steuer ihres violetten Daimler-Benz saß und das Verdeck offen stand, konnte sie sicher sein, daß sich dic Wiener den Hals nach ihr ausrenkten und sich das Maul zerrissen, mit wem sie jetzt wohl wieder eine Affaire hätte, sogar eine lesbische Beziehung mit Lilly wurde ihr angedichtet – und natürlich, daß sie demnächst wieder heiraten würde.

Alma hatte in der Tat etliche Anträge erhalten, seit sie Witwe war, und, was nur wenige wußten, auch schon zu Gustav Mahlers Lebzeiten. Oskars brieflicher Heiratsantrag hatte sie deshalb nicht verwundert. Sensible Männer, besonders die unerfahrenen, reagierten oft so überschwenglich auf sie, wenn sie ihnen ein bißchen von ihrer Zeit und Zuwendung schenkte. Es gab auch ernstzunehmende Bewerber wie den Neurologen Joseph Fraenkel, den Biologen Paul Kammerer, den Berliner Architekten Walter Gropius oder den Komponisten Franz Schreker. Sie alle waren anerkannte Größen in ihrem Fach. Lilly Lieser empörte sich zuweilen darüber, daß ihre Freundin sich ausschließlich mit Berühmtheiten umgab.

»Wo liegt da das Verbrechen?« entgegnete Alma. »Mein Leben ist mir zu kostbar, um mich mit unbedeutenden Menschen abzugeben. Der einzige unbedeutende Mensch in meiner Umgebung bist du, Lilly.« Lilly war weder Künstlerin noch von großer gesellschaftlicher Bedeutung. Lilly hatte einfach viel Geld, das sie von ihrem verstorbenen Mann, einem Wiener Industriellen, geerbt hatte.

Die Aprilsonne schien ungewöhnlich warm. In den Parkanlagen blühte der Flieder in üppigen Pompons, dazwischen der erste Jasmin und einige verspätete Forsythiensträucher, ein Meer aus Lila, Weiß und Gelb. Zwischen den jungen Blättern der Kastanien reckten sich bereits die ersten Blütenkerzen empor.

In der Breitenfelder Gasse im achten Wiener Bezirk gab es allerdings keinen Baum und keinen Flieder, hier war alles grau und rußig. Man hörte das Knattern des Daimler-Benz schon lange, bevor das Auto einbog. Hier fuhren nur selten Automobile, die Chauffeure mieden diese Straße, das Pflaster war schadhaft, es hatte tiefe Löcher, in denen sich Wasser sammelte, und überall lagen Eisenteile herum, die der Faßbinder einfach auf die Straße geschmissen hatte. Neben der Faßbinderei gab es noch einen Kesselflicker und eine stillgelegte Fabrik. Dort bat Alma ihre Freundin, das Fahrzeug anzuhalten.

»Ich komme mit«, meinte Lilly.

»Nein. Führ dich nicht auf wie meine Gouvernante!«

»Du führst dich auf wie eine Siebzehnjährige«, Lilly hielt es für unsinnig, ja für gefährlich, daß Alma zu einem fremden Mann in dessen Atelier ging, anstatt ihn erneut in das Haus ihres Stiefvaters zu bestellen. »In einer Stunde bin ich zurück und hole dich ab.«

»Nein! Bei so jungen Künstlern weiß man nie, wie lange es dauern wird.«

Alma wartete noch, bis Lillys Auto um die Ecke verschwunden war, dann durchquerte sie den Innenhof der alten Fabrik. Auch hier überall Schutt, Unrat und Pfützen. Der Saum ihres Kleides war bereits voller Dreck, schwer klatschte der nasse Stoff bei jedem Schritt an ihre Waden. Alma hatte dünne Strümpfe an, die mit elastischen Strumpfbändern oberhalb der Knie festgehalten wurden. Ihre Oberschenkel waren nackt, denn sie vertrug dort keinen engen Stoff.

Eine Eisenstiege führte zu Oskars Atelier im ersten Stock. Die Tür war nur angelehnt, Alma zögerte einen Moment, dann trat sie ein. Der Raum war spartanisch eingerichtet, wie sie erwartet hatte:

Steinboden, ein kleiner, gußeiserner Ofen mit einem langen Ofenrohr, das sich in Kopfhöhe durch das Atelier schlängelte, ein eiserner Waschtisch, daneben ein Kübel mit Wasser. Über eine ganze Wand erstreckte sich ein Fenster, das durch Eisenrahmen in unzählige kleine Scheiben geteilt war. Auf der Staffelei sah Alma die Ölskizze, auf der sich der Kopf einer blonden Frau und in der rechten oberen Bildhälfte der Ausblick in eine Landschaft abzeichneten – die Bildeinteilung der Mona Lisa.

»Hier leben Sie also. Darf ich hereinkommen?«

Alma kannte Ateliers, sie fühlte sich heimisch in ihnen, nicht nur des Geruches wegen. Es war das Chaos, das Unfertige, all das Improvisierte, was einem Maleratelier etwas so Männliches verlieh. Da gab es keinen Zierat, keinen Schmuck. Alles und jedes hatte seine Funktion: die Kisten, die Eisenregale, der Werktisch mit den tiefen Furchen, die Gläser und Blechdosen, die Holzrahmen, das Werkzeug, die öligen Fetzen. Almas Vater, Emil Schindler, war der berühmteste Landschaftsmaler der Monarchie gewesen. Im Auftrag des Hofes hatte er die dalmatinischen Küstenstädte in Tusche gezeichnet, auch Korfu, die Lieblingsinsel der Kaiserin. Die kleine Alma durfte überallhin mitreisen. Sie war die Lieblingstochter des Vaters, sie durfte bei ihm an der Staffelei sitzen und seinen begnadeten Händen bei der Arbeit zusehen. Dieser Geruch! Die Hände von Gustav Klimt hatten ebenso nach Firnis und Leim gerochen. Klimts Hände waren die ersten gewesen, die ihren Körper berührt hatten. Alma fühlte eine Hitze an ihren Beinen hochsteigen.

Oskar stand vor ihr und schwieg. Auf dem alten Ledersofa, der einzigen bequemen Sitzmöglichkeit in dem Raum, lag eine zerwühlte Decke.

»Haben Sie etwas zu trinken für mich?«

Oskar schöpfte etwas Wasser aus dem Kübel in ein Glas und hielt es Alma hin. Davon kriegst du die Cholera, dachte Alma, aber sie nahm das Glas aus seiner Hand, und dabei berührten sich ihre Finger. Einen Augenblick hielten beide inne, dann trank sie das Glas in einem Zug leer. Noch lag alles in ihrer Hand. Noch könnte sie von hier weggehen.

»Wir könnten in ein Restaurant gehen«, sagte sie, »vielleicht wäre das besser.«

»Ja. Wir könnten in ein Restaurant gehen«, wiederholte er.

Er stand dicht vor ihr. Er war sehr groß. Ihr Kopf reichte gerade bis an seine Schultern.

»Gehen wir«, sagte Alma nochmals, und sie trat etwas näher an ihn heran und berührte mit ihrer Stirn seine linke Schulter. Sie schloß die Augen, ihr Herz klopfte sehr heftig.

»Ja. Gehen wir.« Oskar rührte sich nicht von der Stelle.

»Deinen schönen Brief hab ich bekommen. Heutzutage muß man ja nicht gleich heiraten, wenn man –«

Mit diesen Worten wollte sie die Spannung etwas lösen, aber das gelang nicht so recht. »Komm«, sagte sie schließlich und setzte sich auf das Ledersofa, schob die Decke etwas beiseite, »setz dich zu mir. Warum stehen wir da herum wie zwei Idioten.« Oskar setzte sich neben sie. Er machte keine Anstalten, die Initiative zu ergreifen, also legte Alma ihre Beine auf seine Oberschenkel. Sie faßte nach seiner Hand und führte sie. Seine Finger fanden schnell ihr Ziel. Almas Schamlippen waren heiß und feucht. Dann ging alles schnell, sehr schnell. Er drang in sie ein. Einen Augenblick lang verharrte er ruhig in ihr, dann bewegte er sich in einem jähen, hilflosen Orgasmus, und schon spürte sie, wie er sich in sie ergoß. Er löste sich von ihr und blieb erschöpft auf ihrem Arm liegen.

»Du bist schwer«, sagte sie leise.

»Entschuldige.« Er richtete sich auf, kniete sich neben sie und küßte die Innenseite ihrer Schenkel.

Als er später neben ihr lag, auf dem für zwei Menschen doch sehr schmalen Sofa, und eine Zigarette rauchte, fragte sie: »Sag ehrlich, wie viele Frauen hast du vor mir gehabt?«, und er sagte darauf: »Ich weiß nicht genau. Viele.« Das war gelogen.

»Ich will es genau wissen. Drei oder acht oder sechsundzwanzig.«

»Acht«, sagte Oskar und blies den Rauch der Zigarette geräuschvoll von sich.

»Ich bin deine erste Frau. Stimmt das?«

»Ja.«

»Wie alt bist du?«

»Fünfundzwanzig.«

Das war wieder gelogen. Er war im März bereits sechsundzwanzig geworden.

»Mein Gott«, rief Alma, »in deinem Alter hab ich schon –« Sie wollte sagen: zwei Kinder geboren und drei Ehejahre hinter mir, aber Oskar unterbrach sie und meinte mit einer Bestimmtheit, die sie erstaunte: »Du hast immer nur mich gesucht.«

Alma beugte sich zu ihm. Sein Gesicht sah jetzt anders aus, jünger, seine Gesichtszüge waren weicher geworden, ein bißchen verquollen. Er wirkte wie ein Bauernjunge.

»Ja«, sagte sie, »du hast recht. Ich habe dich gesucht. Aber wir sollten jetzt etwas essen gehen. Ich bin hungrig.«

Sie gingen in ein kleines Vorstadtwirtshaus in der Florianigasse, wo sie im Gastgarten unter einer Kastanie sitzen konnten. Sie bestellten Wachteln, kleine zarte Vögel, die in Rahmsoße serviert wurden. Dazu tranken sie roten Wein. Ein blinder Zieharmonikaspieler saß am Nebentisch und spielte ein trauriges Lied. Er sang mit einer eigenartig hohen Stimme von einem Mädchen, das einen Matrosen liebte.

Nachdem sie sich satt gegessen hatten, gingen sie noch einmal zurück in Oskars Atelier, es sollte ja an dem Portrait gearbeitet werden. Die Sonnenstrahlen warfen bereits lange Schatten, als sie die Außentreppe hinaufstiegen. Vor der Türe zum Atelier blieb Oskar stehen und suchte in den Taschen nach dem Schlüssel. Alma stand dicht hinter ihm, und schon war ihre Hand in seinem Hosensack. »Ich fürchte, wir werden wieder nicht zum Arbeiten kommen«, bemerkte sie, und sie lachte.

Oskar hatte inzwischen die Tür aufgesperrt, und die beiden stolperten in das Zimmer, einer den anderen umarmend. Mit dem

Fuß schlug Oskar die Tür hinter sich zu, er drängte Alma an die Wand, schob ihr Kleid hoch, öffnete seinen Hosengürtel, alles deutete darauf hin, daß es wieder blitzschnell vorbei sein würde.

»Nein! Nicht so hastig!«

Oskar mußte sich auf das Sofa setzen und ihr zusehen, wie sie sich langsam auszog. Sie öffnete die Knöpfe am Ausschnitt ihres Kleides. Die Konturen ihrer schweren Brüste zeichneten sich durch das Unterhemd ab. Sie ließ die Träger des seidenen Hemdes langsam über die Schultern gleiten. Zum ersten Mal sah Oskar ihre nackten Brüste. Wie zwei große Augen schauten sie ihn an, während das Kleid langsam tiefer glitt, ihren Bauch freigab, ihre breiten Hüften, ihre Scham, zuletzt die Strumpfbänder.

Oskar war ganz schnell ausgezogen, Schweißperlen standen auf seiner Brust, sein Geschlecht ragte nackt und gewaltig empor.

»Bleib ganz ruhig«, befahl Alma.

Aber es war zu spät, die Spielleitung war ihr entglitten. Oskar packte sie und drängte sie auf das Sofa. Er drückte ihre Arme nach hinten, er warf sich auf sie. Alma bäumte sich auf, versuchte ihren Kopf freizubekommen. Als sie plötzlich seinen nackten Arm vor sich sah, biß sie hinein, sie schlug ihre Zähne in sein Fleisch. Er brüllte auf. Seine Hand traf ihre Schulter und ihren Hinterkopf. Vor wenigen Stunden hatte er sie zum ersten Mal geküßt, und schon schlug er sie. Einen kurzen Moment lang starrten sie sich an, voller Entsetzen. Alma erwartete, daß Oskar sich entschuldigen werde. Aber er herrschte sie an:

»Was ist jetzt, willst du oder willst du nicht?«

»Ich will ja.« Das Spiel war entschieden, zu seinen Gunsten. Sie gab auf. Vorsichtig streckte sie die Hand nach ihm aus, nach der Wunde am Arm, die stark blutete. Er griff nach ihrer Hand, küßte die Handfläche, dann küßte er ihre Brüste, ihren Bauch. Alma ließ es zu, daß er ihren Körper erforschte, mit den Händen, mit den Lippen, mit der Zunge. Sie wies ihm die Wege. Er hatte keine Scheu, und sie hatte keine Scham. Sie liebten sich lange und bis zur Erschöpfung.

Dann schliefen sie ein. Als sie erwachte, kniete Oskar neben dem Sofa und betrachtete ihren nackten Körper.

»Hier ist deine Haut wie Pfirsich, rauh und fest. Mit Nußsaft krieg ich diese Farbe hin. Und ein bißchen Goldstaub. Hier«, er strich über die Innenseite ihrer Schenkel, »für dieses Rot nehme ich gewässerten Rotwein. Ich hab davon geträumt, dich nackt zu malen. Wenn ich dich male, kann ich dich festhalten.«

»Ich muß gehen«, sagte Alma, »wie spät ist es?«

»Halb acht. Warum schläfst du nicht hier? Ich habe auch ein richtiges Bett.«

Sie müsse noch zu einer Probe, wandte Alma ein.

»Was für eine Probe?«

Für die Neunte, die Neunte Symphonie von Mahler werde jetzt geprobt, und was der Dirigent da zusammenpfusche, das könne sie nicht länger mit ansehen. Oskar war ein bißchen enttäuscht darüber, daß Alma ihre Gedanken jetzt an Musikproben und schlechte Dirigenten verschwenden konnte, obwohl er bereits wußte, daß Musik für sie sehr viel bedeutete. Sie hatte früher einmal Musik studiert. Sie war eine außergewöhnliche Frau, und Oskar sagte sich, er könne eigentlich stolz auf so eine Geliebte sein, die mit ihrem Fachwissen die Uraufführung einer Symphonie vor einem stümperhaften Dirigenten zu schützen wußte. Trotzdem wäre es ihm lieber gewesen, sie wäre bei ihm geblieben. Sie solle nach der Probe wiederkommen, schlug er vor.

Alma schüttelte den Kopf: »Nach der Probe gehe ich nach Hause. Ich hab ein Kind. Die Gucki ist erst acht Jahre alt. Vor einem Jahr hat sie ihren Vater verloren. Jetzt hat sie nur noch mich.«

Dagegen war Oskar machtlos. Er nahm Alma das feste Versprechen ab, am nächsten Abend wiederzukommen. Er begleitete sie bis zum nächsten Fiakerstandplatz. Kaum zurückgekehrt in sein Atelier, setzte er sich an seinen Werktisch und schrieb: »Liebe Alma, bitte vergiß mich nicht bis morgen, ich bin nur mehr mein eigenes Halbes und Du bist eigentlich sehr weit von mir. Bitte Du, denk nicht an mich, wenn Du an etwas anderes denkst, bringe mich nicht zusammen mit etwas anderem, das nicht zu Dir gehört, damit ich ganz zu Dir allein gehöre, so wie Du in mir bist und nicht mehr allein in Deinem Zimmer. Lieber Gott, sei glücklich, wie noch nie, und sei mit dem kleinen Mäderl viel beisammen und recht gut mit ihr. Es ist sehr lange bis morgen abend für Deinen Oskar.«[5]

Alma hielt ihr Versprechen. Sie kam wieder. Sie kam jeden Tag. Oskar malte sie, und sie liebten sich, und jeden Abend, wenn sie wieder gegangen war, schrieb er ihr einen Brief.

Nach zwei Wochen war das Portrait noch immer nicht fertig.

Alma konnte die Skepsis der Orchestermusiker und des Dirigenten förmlich spüren, die der Neunten Symphonie, diesem letzten Werk ihres Mannes, entgegengebracht wurde. Es wäre besser für Gustav Mahler, oder zumindest für das Andenken an ihn, wenn dieses unfertige Werk nie aufgeführt würde! Die Partitur sei nichts als eine Aneinanderreihung von Liedern und Tänzen, mit einigen melodramatischen Phasen dazwischen, aber doch kein symphonisches Werk! Solche Überheblichkeiten mußte sich Alma anhören, noch dazu aus dem Munde eines Dirigenten, der noch niemals Mahler dirigiert hatte.

Eine halbe Stunde lang saßen Alma und Lilly nun schon in den leeren Zuschauerreihen im Saal des Musikvereins und warteten auf den Beginn der Probe. Die Musiker diskutierten endlos über Notenwerte und Tempi. Endlich setzte die Musik ein. Eine schwierige Stelle im dritten Satz wurde geprobt. Alma schloß die Augen und konzentrierte sich. Sie kannte die Klavierauszüge der Neunten Symphonie, aber nun hörte sie die melodischen Wendungen zum ersten Mal von Klarinetten gespielt, diesen dämonischen D-Dur-Mittelteil, dem das Harfenglissando folgte. Das war ihre Musik! Sie hatte vor ihrer Hochzeit mit Gustav einen Handel gemacht: Sie hatte ihre eigenen Partituren beiseite gelegt und während ihrer ganzen Ehe keine einzige Note mehr komponiert.

Meine Musik wird unsere Musik sein, hatte Gustav Mahler zu ihr gesagt.

»Wo steckst du die ganze Zeit?« Das war Lillys Stimme, die Alma aus ihren Erinnerungen zurückholte.

»Ich laß mich portraitieren.«

»Immer noch? Was findest du bloß an diesem unappetitlichen Menschen? Gräßlich, die Vorstellung: Du ganz allein mit diesem Menschen in einer heruntergekommenen Dachkammer – «

Die Vorstellung, männlichen Ausdünstungen und Zugriffen ausgesetzt zu sein, widerte Lilly an. Lilly liebte Frauen, sie wechselte häufig ihre Geliebten, meistens waren es stille, junge Mädchen, die von der Natur etwas benachteiligt worden waren. Sie selbst war mager, ihre Haut war fahl und ihre Haare glanzlos. Aber stets war sie mondän und elegant gekleidet, was ihr eine gewisse Attraktivität verlieh. »Was macht ihr die ganze Zeit?« fragte sie.

»Na, was schon? Soll ich es dir genau schildern? Jedesmal wenn ich in sein Atelier komme, ziehen wir uns ganz schnell aus, und dann treiben wir es wie die Karnikel!«

»Iih!« Lilly quietschte in gespieltem Entsetzen. »Und wann malt er dich überhaupt?«

»Wenn ich wieder weg bin. Bist du eifersüchtig?«

»Ich? Das hättest du gern!«

Der Dirigent wandte sich kurz zu den Damen um und deutete mit einem lauten Pst an, daß sie bereits störten. Aber Lilly war an weiteren Einzelheiten interessiert, Alma mußte erzählen und beide kicherten. Der Dirigent klopfte mit dem Taktstock ab, drehte sich erbost um und brüllte: »Ruhe!«

Es gab für Alma immer wieder Momente der absoluten Klarheit, in denen sie genau wußte, was zu tun sei. Jetzt, wußte sie, sie mußte handeln. Mit einem Mal war sie ernst und gefaßt. Sie stand auf, ganz Dame, und sagte zu dem Dirigenten: »Ich unterbreche hier mit voller Absicht!«

Sie spürte mit sicherem Instinkt, daß jetzt so ein Moment gekommen war, wo sie über ihre eigene Zukunft entscheiden konnte. Sollte sie weiterhin bloß die Witwe eines Operndirektors sein, dessen Kompositionen allmählich in Vergessenheit gerieten, weil kaum jemand sie verstand? Das Gros des Wiener Publikums hatte gar kein Interesse an Mahlers Symphonien, seine Anhängerschaft war bereits auf ein Minimum geschrumpft. Eine verpatzte Uraufführung der Neunten wäre eine Katastrophe! Wollte sie aber Mahlers Werk, das ja auch ihr Werk war, zu weltweitem Ruhm verhelfen, dann mußte sofort ein anderer Dirigent ans Pult! An das Orchester gewandt sagte sie: »Entschuldigen Sie, meine Herren, ich weiß, Sie geben Ihr Bestes. Aber es geht hier um Gustav Mahler und nicht um die Interpretationsschwierigkeiten eines Dirigenten!«

Kurze Zeit später konnte Alma dem eilig zusammengerufenen Konsortium der Wiener Musikfestwochen äußerst ruhig und kompetent erklären, welche Fehler der Dirigent ihrer Meinung nach machte, daß er bis jetzt weder die Kontrapunktierung noch den Rhythmuswechsel in den Griff bekommen und daß er zu der emotionalen Komponente in Mahlers Musik anscheinend keinen Zugang habe. Das Konsortium beschloß, den Dirigenten auszuwechseln. Man würde für die Uraufführung von Mahlers Neunter Symphonie einen eigenen Dirigenten engagieren, einen, mit dem Frau Mahler einverstanden wäre.

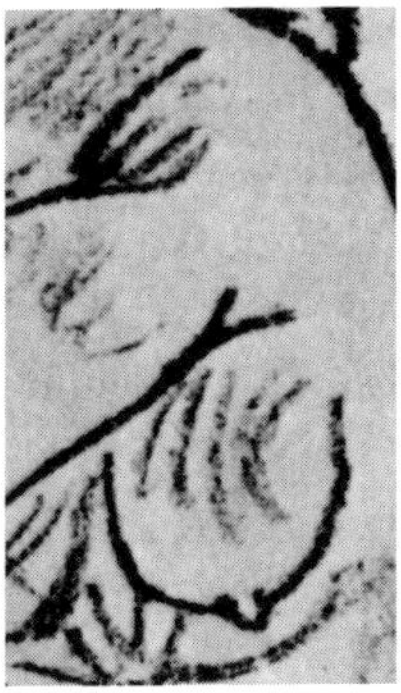

Wenn Oskar seiner Mutter beim Wäscheaufhängen half, konnte er vom Dachboden des Zinshauses am Bennoplatz aus weit über die Dächer bis hin zu den Bergen sehen. Irgendwo dort lag der kleine Ort Pöchlarn, wo Oskar auf die Welt gekommen und wo er im Alter von sechs Jahren zufällig Zeuge der Geburt seines Bruders geworden war. Oskars Vater war an diesem Tag geschäftlich unterwegs. Der gelernte Goldschmied reiste als Vertreter und versuchte Taschenuhren zu verkaufen. Mit wenig Erfolg. Jedenfalls war er im entscheidenden Moment nicht dort, wo er hätte sein sollen: bei seiner Frau. Oskar hatte sich im Schlafzimmer zwischen den Kleiderkästen versteckt. Die Mutter lag im Bett und schrie. Der Bub erschrak in tiefster Seele und glaubte, jemand hätte ihr in den Bauch gestochen. Beim schwachen Licht der Petroleumlampe konnte er nicht genau erkennen, was passiert war. Plötzlich sah er eine Blutlache im Bett. Es schien ihm, als ob die Mutter hilfesuchend die Hand nach ihm ausstreckte. Aber er blieb wie gelähmt in seinem Versteck, er hatte Angst, daß sie nun seinetwegen sterben müsse. Endlich kamen die Großmutter und eine Nachbarin. Die Frauen hatten genug zu tun mit der Mutter, den kleinen Oskar hinter dem Kasten bemerkten sie nicht.

Seit damals lebte Oskar mit der Angst, daß die Mutter seinetwegen sterben müsse. Oder eine andere Frau.

Als die Familie später nach Wien zog und Oskar dort die Volksschule besuchte, tat er sich schwer, wie die Stadtkinder zu reden. Statt sich mit klaren Worten auszudrücken, fing er an, alles symbolisch zu umschreiben. Die Stadtkinder lachten ihn aus und nannten ihn den Verrückten.

Nach der Realschule hätte er gerne Chemie studiert, Chemie hatte mit dem Ursprung des Lebens zu tun, er wollte erforschen, woraus der Mensch zusammengesetzt war. Aber Oskars Familie war sehr arm, die Mutter konnte es sich nicht leisten, die Kinder studieren zu lassen. Sie solle ihren Sohn auf die neue Kunstgewerbeschule schicken, hatte ein Lehrer der Mutter geraten, das sei die einzige Schule, in der Oskar ein Stipendium bekommen könne.

Oskars jüngerer Bruder Bohuslav hatte sich gleich zum Militär gemeldet. Die Schwester Berthi war verlobt mit Emil Patočka, einem Offizier im Verwaltungsdienst. Ihre Aussteuer würde ein Problem werden, denn der Vater verdiente ja nur sehr wenig mit seinem Uhrenverkauf.

Sobald Oskar die Kunstgewerbeschule beendet hatte, fühlte er sich verpflichtet, die Rolle des Familienernährers zu übernehmen. Er versuchte, wenn immer es ihm möglich war, der Mutter ein paar hundert Kronen zukommen zu lassen und noch zusätzlich etwas für den Zins. Als Gegenleistung kümmerte sie sich um Oskars Geschäfte. Sie wußte immer, wer sich für den Kauf eines Bildes interessierte und wer ihm noch Geld schuldig war. Sie hatte einen gesunden Geschäftssinn. Ihre größte Angst war, daß einmal eine Frau auftauchen könnte, die Oskar womöglich um das bißchen Geld bringen würde, das er mit seiner Malerei verdiente. »Wenn du heiratest, Okele, das überleb ich nicht«, scherzte sie manchmal.

Jeden Sonntag kam Oskar zum Mittagessen in die Wohnung am Bennoplatz. Dort traf er die Schwester, selten den Vater, der jetzt in Böhmen als Uhrenvertreter unterwegs war. Oskars Bruder war bei einer Marineeinheit in Pula stationiert. In den Häusern am Bennoplatz gab es keinen Lift. Die Wohnung der Eltern lag im vierten Stock, in Wien bedeutete das, daß man sich sechs Stockwerke nach oben kämpfen mußte, denn vor dem ersten Stock lagen noch jene Etagen, die man Halbstock und Mezzanin nannte. Oskar mußte gewöhnlich an jedem zweiten Treppenabsatz eine Verschnaufpause einlegen. Immer schon machten ihm seine Lungen Beschwerden, und die rußige Stadtluft verschlechterte diesen Zustand noch. Aber heute nahm er gleich mehrere Stufen auf einmal, er fühlte sich stark und gesund. Vor dem obersten Treppenabsatz holte er Berthi ein, die wie immer am Sonntag das Bier vom Wirten geholt hatte. Oskar ergreift den Krug und nahm einen kräftigen Schluck. Dann wischte er sich den Bierschaum von den Lippen, strahlte seine Schwester an und sagte, stolz wie ein junger Bauer:

»Berthi, ich werde bald heiraten!«

Berthi mochte ihren Bruder sehr gern. Jeden Sonntag freute sie sich schon morgens auf seinen Besuch. Jetzt aber wurde ihr unbehaglich. Er war imstande, diese Drohung wahr zu machen. Andeutungen waren ihr schon zu Ohren gekommen. Sie selber ging ja nicht ins Kaffeehaus, aber der Bruder ihrer Freundin hatte erzählt, was die Leute im Café Museum redeten. Oskar hätte ein Verhältnis mit der Mahler-Witwe. Wie schrecklich! Die war ja fast zehn Jahre älter als er!

»Die Witwe von dem Operndirektor?« Berthi verdrehte die Augen. »Die wird g'rad dich heiraten, Okele. Die ist doch mit ganz anderen Leuten zusammen.«

»Sie ist mit mir zusammen. Jeden Tag. Glaubst du mir nicht?«

»Ich glaub dir schon, daß du die heiraten willst. Das wollen ja viele. Und die wartet auch gar nicht, bis sie mit wem verheiratet ist, wenn sie –«

Berthi kicherte und hielt sich die Hand vor den Mund.

»Wenn sie was?«

»Na, wenn sie mit wem vögeln will.«

Oskar blickte die Schwester böse an: »Wie redest du denn?«

»Hast du's der Mutter schon gesagt?«

»Nein. Und du mußt es ihr auch nicht sagen. Ich erzähl ihr das schon selber.«

»Mhmh«, machte Berthi nur, dann sagte sie: »Der Emil und ich wollen auch heiraten.«

»Siehst du«, antwortete Oskar, »ich freue mich darüber, wenn du heiratest. Ich gönn dir dein Glück.«

In Wahrheit freute er sich überhaupt nicht. Die Heirat der Schwester würde die Familie in eine finanzielle Katastrophe stürzen. Die Militärdienststelle von Berthis Verlobtem verlangte von jedem Offizier, der heiraten wollte, zehntausend Kronen als Kaution. Zehntausend Kronen!

Inzwischen standen sie vor der Wohnungstür, Berthi sperrte auf. Es roch nach Schweinsbraten und Kohl.

»Wir sind da«, rief Berthi laut, »und der Okele hat mir das ganze Bier weggetrunken!«

Die Wohnung im vierten Stock war geräumig, es gab Fenster nach allen Seiten, trotzdem wirkte alles eng und dunkel. Das lag an den schweren, altdeutschen Möbeln, die wie unerbittliche Verwandte überall herumstanden, einen Geruch nach Mottenpulver verströmten und einem die Luft zum Atmen nahmen. Im Speisezimmer war für vier Personen gedeckt, denn Emil Patočka war da, der Garant für Berthis glückliche Zukunft. Die Mutter trug bereits die Suppe auf. Berthi rückte ihren Stuhl näher an den von Emil heran. Dann wurde schweigend gelöffelt. Berthi und die Mutter bemühten sich, beim Essen keine ungesitteten Geräusche zu machen, nur Oskar schlürfte die Suppe in sich hinein. Er dachte an Alma und an die Wachteln, die sie im Gasthausgarten serviert bekommen hatten, und mit welchem Genuß seine Geliebte die kleinen Schenkel der Tiere abgenagt hatte.

Die Mutter tranchierte den Braten und teilte die vier Portionen gerecht auf die Teller auf.

»Der Herr Loos hat geschrieben«, sagte sie plötzlich und blickte Oskar seltsam streng an, »er kennt jemanden, der sich von dir malen lassen möchte, Okele.« Und sie fügte ganz nebenbei hinzu: »Ich hab in deinem Namen zurückgeschrieben und den Herrn Loos gleich um eine Anzahlung gefragt.«

»Warum tust du das? Überlaß das mir!« Oskar spürte einen gewaltigen Unwillen gegen seine Familie in sich aufsteigen. Warum mischten sie sich alle in seine Privatangelegenheiten?

»Okele, die Leute sind alle Schwindler. Die kassieren deine Bilder ein, und das Geld siehst du nie«, fuhr die Mutter mit leicht vorwurfsvoller Stimme fort.

»Adolf Loos ist kein Schwindler!« Oskar knallte die Gabel auf den Teller. »Ich kann mich um meine Geschäfte selbst kümmern!«

»Von Geld hast du keine Ahnung«, erwiderte die Mutter betont ruhig, während sie die Gabel wieder ordentlich neben Oskars Teller legte und mit der Serviette den Fleck auf dem Tischtuch wegzuwischen versuchte. Und dann, bereits mit einigem Vorwurf:

»Weißt du, wieviel der Emil Kaution erlegen muß, damit er die Berthi heiraten darf?«

»Ja, das weiß ich.« Oskar wußte auch, daß er als ältester Bruder darüber nachdenken mußte, woher die Familie das Geld dafür nehmen sollte. »Ich laß die Berthi nicht im Stich. Oder hab ich gesagt, daß ich sie im Stich lasse?«

Emil Patočka, der Bräutigam, saß aufrecht und mit leichtem Hohlkreuz bei Tisch. Er machte ein Gesicht, als ginge ihn das alles nichts an. Der monatliche Sold war sein einziges Einkommen, auf das ganze Jahr gerechnet waren das kaum viertausend Kronen, er würde die zehntausend für die Kaution sowieso nie aufbringen können. Für die Aussteuer hatte traditionsgemäß die Familie der Braut zu sorgen.

»Mutter«, mischte sich Berthi zaghaft ein, »du kannst den Okele nicht immer so behandeln, als wär er ein kleiner Bub.«

»Ich weiß, was er braucht.«

»Du weißt gar nichts«, murmelte Oskar und schob seinen Teller demonstrativ von sich weg. Er stand auf und zündete sich eine Zigarette an. Er rauchte, obwohl die anderen noch nicht fertiggegessen hatten. Was er nur hat, fragte sich die Mutter besorgt, irgendwie ist er verändert.

Oskar stand am Fenster und starrte hinaus. Er rechnete. Für ein großes Gemälde konnte er vielleicht sogar fünfhundert Kronen bekommen. Das bedeutete für zwanzig Portraits zehntausend Kronen. In einem Jahr war das unmöglich zu schaffen. Berthi war jetzt zweiundzwanzig, lange konnte sie nicht mehr warten mit dem Heiraten. Diese Verpflichtung seiner Familie gegenüber kam ihm sehr ungelegen. Gerade jetzt, wo er selbst eine Familie gründen wollte. Für sich allein stellte er ja kaum Ansprüche, aber Alma war einen anderen Lebensstandard gewohnt. Auch wenn sie ihm des öfteren versicherte, wie wenig Luxus ihr bedeutete und daß ihr an Schmuck und teuren Frisuren absolut nichts liege – ihr gemeinsames Leben, so wie Oskar es sich vorstellte, dürfte trotzdem nicht ärmlich sein.

Alma hatte ihre Wiener Wohnung in der Elisabethstraße sofort nach Mahlers Begräbnis renovieren lassen. Die Wände ließ sie gleich einmal rot tapezieren, um, wie sie sagte, Leben in die Räume zu bringen. Als Gustav Mahler noch gelebt hatte, waren nur selten Gäste empfangen worden, denn die Wohnung war in einem chaotischen Zustand und entsprechend ungemütlich. Jetzt sollte alles anders werden. Alma wollte wieder ausgehen und Einladungen geben, sie wollte alte Freunde treffen, neue Freunde finden. Ein Jahrzehnt lang hatte sie auf diese Vergnügungen verzichten müssen. Ihr Salon sollte Künstlern und anderen interessanten Menschen offenstehen. Die Wohnung war für Gesellschaften ausreichend groß, sie bot weitaus mehr Platz als nur für Alma und Gucki sowie für die Kinderfrau Maud, eine alte Engländerin, die bereits während des letzten Jahres in Amerika bei ihr in Dienst gestanden hatte.

Alma und Oskar trafen sich nach wie vor fast täglich. Sie kam in sein Atelier und stand ihm Modell. Er hatte sie schon unzählige Male gezeichnet, hatte auch Entwürfe für größere Bilder angefertigt, und er plante ein Doppelportrait von ihnen beiden. Das Portrait, das Alma als Mona Lisa zeigte, war allerdings immer noch nicht fertig.

Ab und zu kam er auch zu ihr in die Elisabethstraße. Alma sagte dann allen anderen Besuchern ab, das war die Bedingung, die Oskar stellte. Ihr war es so recht. Selbst Gucki und Maud wurden weggeschickt. Oskar wollte keine Zuhörer, wenn er mit Alma zusammen war, und keine Zeugen. Eines Tages störte ihn sogar die Totenmaske Gustav Mahlers, die im Schlafzimmer auf einem Piedestal lag.

»Ich will nicht, daß dieser Kopf zuschaut, wenn wir uns lieben«, sagte er.

Alma versprach, die Totenmaske in den Salon zu bringen. Neben dem Flügel, auf rotem Samt gebettet, würde sie gut aussehen.

»Er ist wie ein Gespenst zwischen uns«, beharrte Oskar.

»Du wirst doch nicht an Gespenster glauben?« Alma lachte leise. Das habe nichts mit Glauben zu tun, erklärte Oskar, er könne tatsächlich jeden Mann, mit dem sie einmal zusammen gewesen sei, als Geist in ihrer Nähe sehen.

»Das sagst du doch nur, weil du ein wenig eifersüchtig bist!« Sie wollte ihn beruhigen, ihre Hände glitten sanft über seinen Nacken. Aber Oskar drehte unwillig den Kopf weg. Das habe überhaupt nichts mit Eifersucht zu tun, sondern mit Energieaustausch und mit Naturgesetzen, erklärte er. Die Energie eines jeden Menschen, mit dem sie einmal sehr verbunden gewesen sei, würde sie für immer umgeben. Er sähe ja auch die Geister von Menschen, auf die er niemals eifersüchtig sein könnte, etwa Almas Vater.

»Ich sehe ihn, er hat Löcher in den Schuhen!«

»Du hattest Löcher in den Schuhen! Als du zum ersten Mal zu mir kamst«, widersprach sie.

»Weil ich nur ein Paar Schuhe hatte.«

»Mein Vater besaß auch nur ein Paar.« Sie zog ihn wieder an sich. Ihren Kopf an seine Schulter gelehnt, erzählte sie ihm von ihrem Vater: »Er mietete sich einen Monatsfiaker, der ihn immer vom Schloß Plankenberg zum Bahnhof Neulengbach fuhr, damit er die Schuhsohlen schonen konnte. Zu Fuß ging er nie. Dabei hatten wir kaum Geld. Es bedeutet nämlich nicht, daß man, bloß weil man kein Geld hat, verwahrlosen muß.«

»Ihr habt aber in einem Schloß gewohnt.«

»Aber nur für kurze Zeit. In Wirklichkeit lebten wir wie die Zigeuner, einmal da, einmal dort. Als mein Vater starb, waren wir gerade wieder unterwegs, im hohen Norden, am Meer. Mein Vater lag ein paar Tage sehr krank zu Bett. Dann wurde sein Gesicht plötzlich grau. Das Zimmermädchen war zu blöd um zu bemerken, daß er schon tot war. Wir mußten den Vater zurück nach Wien bringen. Aber wie? Einen Leichentransport zu bezahlen, daran war nicht zu denken. Meine Mutter war immer schon eher praktisch veranlagt, sie ist keine Künstlernatur, so wie Vater und ich. Sie kam auf die glorreiche Idee, den Leichnam in die Klavierkiste zu packen und ihn so über die Grenzen zu schmuggeln.« Alma blieb eine Weile in ihren Gedanken versunken, dann sagte sie leise: »Drei Monate später hat sie Carl Moll geheiratet, einen Schüler meines Vaters. Ein kleines Licht, wenn man ihn mit Emil Schindler vergleicht.«

Oskar strich behutsam über ihre Stirn, er glättete die Kummerfalten, die sich gebildet hatten. Er küßte sie auf die Augen, die dunkel und traurig geworden waren. »Du solltest dich wieder Alma Schindler nennen, so wie du früher geheißen hast.«

»Wofür soll das gut sein? Wem hilft das?«

»Mir hilft es. Ich will lieber den Namen deines Vaters nach deinem setzen, wenn ich dir schreibe.«

Oskar durfte nie über Nacht bei Alma bleiben, und auch sie blieb nie bei ihm, aber er hatte sich angewöhnt, jede Nacht, nachdem sie sich getrennt hatten, einen Brief an sie zu schreiben. Auf diese Art konnte er die letzten Minuten vor dem Einschlafen wenigstens noch in Gedanken mit ihr zusammensein. Sie stellte für ihn die ganze Welt dar. Er liebte sie wie ein Kind, wie eine Geliebte, wie seine Frau und Schwester und Mutter. Alles wuchs in ihr zusammen. Ihre Ehe werde einmal eine Ausführung seiner Gespensterlehre sein, stellte er sich vor, sie werden einander die Körper vertauschen. Er dachte bereits sehr viel über ihre gemeinsame Zukunft nach, obwohl ihre Liebe erst zwei Wochen alt war.

Alma verreiste am 25. April 1912 nach Paris. Ihre Freundin Lilly Lieser hatte sie gebeten, sie zu begleiten. Alma fühlte sich nach den häufigen Besuchen bei Oskar sehr erschöpft, eine Erholung würde ihr gut tun. Nach Paris fuhr sie immer gern, dort konnte man die neuesten Dessous probieren. Außerdem finanzierte Lilly die Reise.

Oskar wollte die Zeit von Almas Abwesenheit nützen, um endlich ihr Portrait fertigzustellen. Für das Blond ihrer Locken, die wie eine Löwenmähne ihr Gesicht umrahmten, hatte er noch nicht den richtigen Farbton gefunden. Die kräftige Untermalung mit rötlichem Neapelgelb war fertig, jetzt trug er versuchsweise eine Lasur auf, die er mit Indischgelb gemischt hatte. Indischgelb war ein seltenes Pigmentpulver, das nur mehr schwer zu bekommen war. Man gewann es aus dem Urin indischer Kühe, die mit Mangoblättern gefüttert wurden. Einige englische Firmen führten noch Restbestände davon. In die nasse Lasur trug Oskar dann mit den Fingern dicke, fette Tempera auf, ab und zu kratzte er Linien in den Grund. Oskar war überzeugt, dieses Gemälde würde das beste aller seiner bisherigen Arbeiten werden. Alles würde sich zum Guten wenden. Er würde sich als Maler etablieren, zuerst in Wien und dann in der ganzen Welt. In seinem Innersten war er überzeugt, der beste Maler seiner Zeit zu sein. Er fühlte sich voller Kraft, und er wollte arbeiten, arbeiten, arbeiten.

Der Portraitauftrag, den Adolf Loos vermittelt hatte, kam gerade zur rechten Zeit. Der Architekt hatte seit der Fertigstellung seines umstrittenen Hauses am Michaelerplatz seine Klientel um einige aufgeschlossene und vermögende Kunden erweitern können. Der Drahtfabrikant Wilhelm Hirsch hatte sich von Loos überreden lassen, ein Portrait seiner Gattin in Auftrag zu geben, allerdings unter der Bedingung, daß er das Bild bei Nichtgefallen zurückgeben könne.

Oskar mußte jedesmal mit der Tramway nach Heiligenstadt fahren, denn Frau Martha Hirsch war der Weg zu ihm ins Atelier nicht zuzumuten. In der Bibliothek des Fabrikanten herrschte

Düsternis, die Bücherwände, die bis zur Decke reichten, sogen alles Licht auf. Frau Hirsch saß vor dem Fenster zur Veranda. Oskar hatte sie gebeten, dort im Licht Platz zu nehmen und sich ihm zuzuwenden. Er selbst saß im hintersten Winkel der Bibliothek, von dort konnte er die Fabrikantengattin nur noch als Silhouette wahrnehmen, ihr Gesicht blieb im Dunkeln. Das war ihm lieber so, denn die Frau hatte einen unangenehmen Blick. Körperlich fand er sie eher abstoßend. Im Grunde wollte er keine andere Frau mehr malen als Alma. Oskar balancierte die Leinwand auf den Knien. Er arbeitete schnell, er trug die Farbe mit dem Pinsel dick auf die Leinwand auf und malte mit den Fingern weiter.

Frau Hirsch hatte das Gefühl, daß der junge Mann sich nicht auf sie konzentrierte. Um ihn zu testen, ging sie mit leisen Schritten zur Verandatür und öffnete sie. Würde er überhaupt bemerken, wenn sie nicht mehr da war? Oskar hob kurz den Blick, als sie hinausging. Er war erleichtert.

»Also, ich weiß nicht«, sagte Frau Hirsch zu ihrem Gatten, der mit Adolf Loos ein wenig im Garten herumspazierte, »er schaut mich ja gar nicht an beim Malen, was soll denn das werden?«

»Davon verstehst du nichts, Martha.« In der Gegenwart von Loos war es Herrn Hirsch peinlich, daß seine Frau so wenig Aufgeschlossenheit für die Moderne zeigte.

»Auf dem Bild sehe ich aus, als hätte ich die Gelbsucht. Und das eine Auge schielt«, protestierte die Fabrikantengattin.

»Er arbeitet mit Gegenfarben, Sie müssen sich vorstellen, gnädige Frau, daß eine bestimmte Tönung von Blauviolett und eine bestimmte Tönung von Orangegelb sich im Lichtstrahl zu optischem Weiß ergänzen. Licht ist Energie, und diese kann man eigentlich nicht malen. Aber mein Freund Oskar malt sogar das Licht«, erklärte Loos. Er hielt gerne Vorträge, über Architektur, über Kleidung, über richtiges Kochen, und seit er Oskars Freund war, auch über die Malerei. Als er merkte, daß Frau Hirsch nach seinen Ausführungen noch immer nicht zufrieden war, fügte er hinzu: »Er meint es nicht böse.«

Frau Hirsch zuckte die Achseln und beschloß, nicht mehr in die Bibliothek zurückzugehen, sondern im Garten zu bleiben und nach den Rosenbeeten zu sehen.

»Wo haben Sie ihn eigentlich her, Ihren Schützling?« fragte Herr Hirsch, um einen leichten Tonfall bemüht.

Er habe Oskar vor vier Jahren kennengelernt, begann Adolf Loos, bei einer Ausstellung. Der junge Kokoschka hatte eine große Zeichnung vorbereitet, mit eigenartigen Figuren aus einer fremden Welt. Man wollte ihn aber nicht ausstellen lassen, seine Arbeiten seien zu unreif, ohne Qualität. »Das Übliche halt, womit man einem jungen Menschen die Flügel stutzt. Sie kennen die Formulierungen ratloser Zeitgenossen etwas Neuem gegenüber.« Herr Hirsch warf einen Blick in Richtung seiner Frau, die immer noch bei den Rosenbeeten stand und lustlos mit der Spitze ihres Schuhes in der Erde herumstocherte.

»Nun ja«, lächelte Herr Hirsch, »so ist das auch nicht immer.«

»Oskar Kokoschka hat sich damals mit einem Messer bewaffnet«, erzählte Loos weiter, »und gedroht, sich zu erstechen, wenn seine Zeichnung nicht ausgestellt würde. Coram publico.«

»Und? Hatte Ihr Schützling Erfolg?« wollte Herr Hirsch wissen.

»Seine Zeichnung durfte hängenbleiben. Die Wiener sind alle hingepilgert und haben sich den Buckel vollgelacht.«

Ob das Bild verkauft wurde und um wieviel, wollte der Fabrikant wissen. Adolf Loos gestand, daß er es selber gerne erworben hätte, aber man habe es wohl beim Abbau der Ausstellung zerrissen und weggeschmissen. Herrn Hirsch reute es schon, daß er sich zu dem Portrait hatte überreden lassen. Das Ganze würde sich als sinnlose Geldinvestition erweisen.

Herr Hirsch beriet sich kurz mit seiner Frau. »Meine Gattin fühlt sich durch das Portrait beleidigt«, sagte er schließlich, »wenn Sie erlauben, Herr Architekt, möchte ich doch auf unsere ursprüngliche Vereinbarung zurückkommen und das Bild nicht kaufen.«

»Wie Sie wollen.«

Adolf Loos ging in die Bibliothek, um sich selbst ein Urteil von der Arbeit seines Freundes zu bilden. Das Gemälde war noch nicht fertig, aber es versprach ziemlich interessant zu werden. Oskar hatte das Portrait der Frau durch das schichtweise Auftragen von Lasur und Ölfarbe tatsächlich zum Leuchten gebracht. Gelbe, unruhige Flecken füllten die Kontur des Gesichtes, und hinter dem dunklen Haarkranz schien die Sonne aufzugehen.

»Und? Was sagen Sie?«

»Genial.«

Oskar lächelte geschmeichelt und fragte: »Hat er endlich bezahlt?«

Loos zögerte: »Noch nicht alles.«

Oskar erriet sofort, daß sein Freund log. Er wurde wütend. »Ich brauche das Geld aber! Sofort! Ich muß zehntausend Kronen auftreiben! Und der Herr Fabrikant zahlt nicht! Bestellt und zahlt nicht? Glauben Sie, es macht mir Spaß, für diese reichen Stinker zu arbeiten? Wie ein Sklave?«

Er tobte, er war voller Wut auf diese Leute, die ein Gemälde als ein Möbelstück betrachteten, das zur übrigen Einrichtung passen mußte, die sie sich um teures Geld von Adolf Loos anfertigen ließen! In Mahagoni! »Diese Menschen interessieren mich ja gar nicht! Glauben Sie, es macht mir Spaß, solche Fratzen zu malen?« Oskar deutete in Richtung Verandatür. Dort stand das Ehepaar Hirsch und verfolgte mit besorgter Miene die Szene in ihrer Bibliothek.

»Wenn Sie erlauben, lieber Freund«, sagte Loos, »möchte ich auch dieses Gemälde für meine private Sammlung ankaufen.« Es war nicht das erste Mal, daß Loos als Käufer einspringen mußte.

»Da werden Sie noch ein vermögender Mann werden, mit meinen Bildern«, meinte Oskar und beruhigte sich augenblicklich.

»Seine Nerven«, sagte Loos beim Abschied entschuldigend zu Herrn Hirsch, »sind zur Zeit ziemlich überreizt.«

»Wahrscheinlich ißt er zuwenig«, meinte Frau Hirsch. Plötzlich verspürte sie mütterliche Gefühle für den jungen Mann, und sie machte sich Vorwürfe, daß sie ihm nichts zu essen hatte aufwarten lassen.

Jetzt, da Alma verreist war, hatte Oskar seine früheren Gewohnheiten wieder aufgenommen. Nachmittags war er im Café Museum, abends im Café Central, später in der Nacht in der American Bar. Die Freunde hatten ihn schon vermißt. Zwei Wochen lang hatte er sich im Kaffeehaus nicht blicken lassen. Als er endlich wieder da war, merkte er, wie sehr er die Atmosphäre vermißt hatte, die kalten Rauchschwaden, das gedämpfte Licht selbst an sonnigen Tagen, den scharfen Geruch des teergebeizten Fußbodens. Wenn ein Gast im Café Museum den Hut aufbehielt, belästigte der Kellner ihn nicht wegen einer Bestellung, nahm er den Hut ab, kam der Kellner heran und fragte formvollendet nach den Wünschen. Das war so der Brauch.

Jeder wußte irgendwo seinen Stammtisch. Im Café Central hatte der Dichter Peter Altenberg seinen Tisch. Klein, kauzig und versoffen war er, mit hoher Stimme schrie er seine Zoten: »Vögeln ist so eine Pissoirangelegenheit. Künstlerisch gesehen völlig wertlos, der Mann will sich auspissen. Mir ist der Kitzler heilig. Heil dem Kitzler!« Fremde Gäste, die ihn nicht näher kannten, lachten über den kleinen Mann mit dem Seehundbart, der eine abgrundtiefe Angst vor Frauen hatte. Wenn Oskar ihn vor den Spöttern beschützte und rief: »Laßt's den Altenberg in Ruh, er tut euch doch nichts!«, dann bestellte der für ihn Zigaretten. »Eine Schachtel Flirt für den Kokoschka!« orderte Altenberg, der sonst sehr geizig war, »und ein paar Würstel!« Um sieben Uhr am Abend erschien Karl Kraus und ließ sich die Druckfahnen zum Korrigieren bringen. Gegen zehn Uhr kamen die Russen, die Vertreter der Kommunistischen Internationale, und spielten Schach mit Trotzki. Oskar brachte manchmal Zeichnungen mit, um sie den Gästen für ein paar Kronen anzubieten. Wenn er etwas verkaufen konnte, lud er anschließend die Freunde in die jüdische Auskocherei in der Singerstraße ein. Die hatte die ganze Nacht offen.

Nichts hatte sich verändert. An Oskar konnten die Freunde allerdings eine neue Eigenart ausmachen: Er las französische Zeitungen! Er informierte sich über das Wetter in Paris und über den Theaterspielplan, er buchstabierte die Namen der französischen Künstler, horchte ihrem fremden, lasziven Klang nach und stellte sich dabei vor, wie Alma in diesem Moment vielleicht zu jemandem sagte: »Bonjour, Monsieur Voulevous!« So fühlte er sich ihr nahe. Er wartete ungeduldig auf ihre Briefe aus Paris, die nur jeden zweiten, dritten Tag kamen. Dabei wollte er doch alles wissen, was Alma dort tat, was sie sprach, mit wem sie ausging, alle Zufälligkeiten, die sie so weit weg von ihm erlebte.

Er schrieb ihr täglich.

Wien, 7. Mai 1912

Du meine Liebste sei nicht abgestoßen, wenn ich Dir jeden Tag wieder schreibe, und Dich immer wieder erinnere, daß ich auf Dich warte. Ich freue mich wirklich aufrichtig, daß Dich Deine herrliche Munterkeit und Deine mir so wohltuende Heiterkeit nicht verläßt und daß Du einige Wochen in einer lichteren Stadt genießt, wie hier. Aber ich fürchte mich auf jeden neuen Tag, ob Du Dich nicht entfernst von mir, ob Du mich noch so verstehst wie hier, weil sich ein riesiges Fremdes, ein mir Unbekanntes unter einer fremden Sonne, zwischen uns drängen könnte, das mir vorkommt wie ein Feind.

Und ich rufe Dich oft ganz laut auf, wenn ich allein bin, und weiß doch nicht sofort, ob Du mich hören wirst, liebe Alma. Ich bin der, wenn Du Dich sammelst, der Dich ansieht und ich bin der, für den Du lebst. Vergiß mich nicht für etwas Vorübergehendes. Sei stark, wenn ich schwach werde, und ich lebe wieder auf in Dir und wir werden mehr sein als früher. Jeder Tag soll uns näherbringen, bis wir die andere Welt vollkommen verloren haben und unser Anfang und Ende selbst sind.

Liebes Weib, lebe gut, Alma,

Oskar Kokoschka

Lese meine Briefe, wenn Du schlafen gehst, ich will der Liebste sein, der bei Dir ist, Alma.[6]

Nach elf Tagen wollte sie zurück sein, aber statt dessen kam ein Brief. Paris sei so anstrengend für sie gewesen! Endlich hätte sie den idealen Dirigenten für die Uraufführung der Neunten Symphonie gefunden. Dann habe es noch Gespräche mit der Direktion des Châtelet in Paris gegeben, wegen einer Wiederaufführung der Zweiten. Debussy wäre ganz dagegen, der habe ja immer schon über Mahler geschimpft, er sei ihm zu schubertisch, zu wienerisch, zu slawisch. Jetzt wäre sie wirklich erschöpft. Sie müsse aber noch die Gelegenheit nützen und bei der Rückfahrt in München einen Tag Halt machen, um die Probentermine mit dem neuen Dirigenten festzumachen.

In München traf Alma einen guten Bekannten von früher, den Architekten Walter Gropius. Lilly sollte doch bitte schon vorausfahren, sie würde dann einen Tag später nachkommen. Um noch etwas bat sie die Freundin: Oskar dürfe davon nichts erfahren. Wozu sollte er beunruhigt werden, wo doch für sie diese Geschichte mit dem Berliner Architekten aus und vorbei war? Walter Gropius hatte ihr einmal in einer schwierigen Situation Halt und Lebenswillen gegeben. Das vergaß sie ihm nie. Aber diesmal wollte sie wirklich nur mit ihm ausgehen, mehr nicht. Sie verabredete sich mit Walter nicht in ihrem Hotel, sondern an einem unverfänglichen Ort. Im Englischen Garten gab es ein nettes Restaurant mit einem kleinen, sechseckigen chinesischen Turm für die Musik, auf der Terrasse davor konnte man angenehm tanzen.

Walter Gropius war ein wunderbarer Tänzer. In seinen Armen fühlte sich Alma sicher und geborgen. Eine Damenkapelle spielte einen Shimmy, einen ganz neuen amerikanischen Tanz, den man in Wien noch gar nicht kannte. Aber Walter führte sie übers Parkett, als hätten sie beide nie etwas anderes gemacht als Shimmy getanzt. Alma trug ein ärmelloses Kleid, auf ihrer nackten Haut spürte sie den sanften Abendwind. Ihre Frisur löste sich allmählich auf, und gegen Ende des Tanzes hing ihr Haar in wilden Strähnen über die Schultern herab. Schade, daß Oskar nie tanzen will, dachte Alma. Sie blieben erschöpft stehen.

Alma strahlte Walter an: »Du weißt ja gar nicht, wie sehr mir das gefehlt hat!«

»Ich habe mich jetzt selbständig gemacht«, sagte Walter.

»Schön«, sagte Alma und lehnte ihren Kopf an seine Schulter, um sich auszurasten.

»Es gibt schon Aufträge. Ich soll ein Lagerhaus planen, Arbeiterwohnhäuser, vielleicht auch eine weitere Fabrik.«

Das ist es, dachte Alma, das ist das Problem bei Walter, sogar dann, wenn er seine frühere Geliebte endlich wiedersieht, kann er von nichts anderem reden als von Arbeiterwohnhäusern. Sie seufzte leicht und sagte: »Das freut mich für dich.«

Als nächstes spielte die Damenkapelle einen Walzer aus der Lustigen Witwe.

»Meine Liebe, deine Liebe hat den gleichen Sinn«, trällerte eine bayrische Chanteuse. Walter führte auch den Walzer wunderbar. Nach ein paar Takten sagte er: »Ich liebe dich.«

Das klang sehr förmlich. Alma versuchte in seinem Gesicht zu lesen. Was empfand er wirklich für sie, dieser fesche, um ein oder zwei Jahre jüngere Mann, der immer so tadellos gekleidet war und sich so tadellos benehmen konnte? Wie alt er genau war, wußte sie gar nicht, aber sein Geburtstag fiel auf den Tag, an dem Mahler gestorben war.

»Sag es noch einmal.«

»Ich liebe dich.«

Alma lachte. »Aber du begehrst mich nicht wirklich.«

»Wo liegt da der Unterschied?«

»Siehst du, du weißt nicht einmal, was das ist: begehren.«

»So? Dann sag es mir bitte. Was ist das?«

»Begehren ist – verrückt werden vor Verlangen nach mir.«

»Ist das Bedingung? Daß ich verrückt werde? Gut, dann werde ich jetzt verrückt.« Walter drehte sie immer schneller, immer nach links, fast hätte Alma um Hilfe gerufen. Als der Tanz endlich zu Ende war, standen Schweißtröpfchen auf seiner Stirn, und seine Augen leuchteten. Die körperliche Erschöpfung stand ihm gut.

»Gib mir was zu trinken. Du kümmerst dich gar nicht um mich«, tadelte sie ihn.

Walter ging und kam mit zwei Gläsern Sekt zurück. Sie trank ihr Glas in einem Zug aus und griff nach Walters Glas. Er überließ es ihr. Dann legte er sanft seine Rechte um ihre Taille und führte sie an den Rand der Terrasse. Auf der weißgestrichenen Balustrade stellte er die Gläser ab. Sie standen nebeneinander und schauten den Tänzern zu. Es war schon dunkel geworden, über der Tanzfläche brannten jetzt bunte Lichter.

»Warum bist du nicht schon längst bei mir in Berlin?« fragte Walter. »Wer oder was hindert dich daran?«

»Es ist einiges passiert in der Zwischenzeit, Walter.«

Seine Augen verfolgten ein fremdes Tanzpaar. Er vermied es, Alma anzublicken. Er wollte sie nicht in Verlegenheit bringen, das sollte keine Prüfung sein. Sie war ihm keine Rechenschaft schuldig, aber natürlich fürchtete er, sie könnte einen anderen Mann ihm vorziehen.

»Du bist doch jetzt frei. Oder hast du –?« In seiner Stimme klang Angst mit.

»Gustav ist erst seit einem Jahr tot«, unterbrach sie ihn, »und wenn ich mich nicht um den Nachlaß kümmere, tut es niemand. Du hast ja keine Ahnung von Wien.« Alma führte den bevorstehenden Uraufführungstermin der Neunten im Juli als Grund an, warum sie noch in Wien bleiben müsse. Den jungen Dirigenten, den sie endlich gefunden habe, müsse sie dem Konsortium gegenüber erst durchkämpfen, für beste Aufführungsbedingungen sorgen, ganz abgesehen von der Interpretationsfrage, die sie zu klären habe. Wer außer ihr könne wissen, was Mahler mit seiner Musik sagen wollte.

»Alma! Du bist eine Frau. Das Musikgeschäft ist zu hart für dich. Du wirst dich da nie durchsetzen können.«

»Ich werde mich durchsetzen.«

»Dann wünsche ich dir Glück.«

»Danke.«

Sie nahm ihn mit in ihr Hotelzimmer. Walter Gropius war schließlich ein Künstler. Seine revolutionären Leistungen auf dem Gebiet der Architektur waren schon öfter in den Zeitungen gefeiert worden. Alma hatte es immer schon als ihre Pflicht als Frau angesehen, sich dem Künstler, der sie brauchte, hinzugeben. Das war ihre Rolle in der Welt.

Verglichen mit dem, was sie fühlte, wenn sie mit Oskar zusammen war, war diese Nacht mit Walter tatsächlich ein Opfer.

Am nächsten Morgen arrangierte sie mit dem neuen Dirigenten die Probentermine und erreichte knapp noch den Zug, der gegen Mitternacht in Wien ankam. Ihr Gepäck ließ sie in die Aufbewahrung bringen und nahm die nächste Droschke vor dem Bahnhofsgebäude.

»In die Breitenfelder Gasse«, rief sie dem Kutscher zu. »Machen Sie schnell!«

Sie lief durch den Fabrikshof, aus seinen Atelierfenstern drang spärliches Licht, Gott sei Dank, er war da! Sie hastete die Eisentreppe hinauf. Die Tür war unversperrt, wie immer, wenn er zuhause war.

Oskar lag auf dem Ledersofa, er schlief, den Kopf in den Seidenschal geschmiegt, den sie einmal bei ihm vergessen hatte. Alma betrachtete ihn eine Zeitlang, und eine starke Leidenschaft für ihn begann sich in ihr zu regen. Ihr ganzer Körper war erfüllt von diesem Gefühl.

Sie ließ ihren dünnen Mantel fallen und schleuderte die Schuhe von sich. Oskar wachte auf, schaute sie erstaunt an.

»Alma?«

»Red nichts!«

Sie hatte ihr Kleid schon geöffnet, sie mußte ihn sofort haben, ohne langes Vorspiel, ohne langes Fragen.

»Alma!«

»Red nicht so viel!« Sie warf sich auf ihn. Sein Körper war so jung und schön!

»Mon Dieu!« rief Alma.

Ach ja, sie war in Frankreich, ging es Oskar durch den Sinn. Sie war ja so lange in Frankreich.

Die Zeit war aufgehoben. Die Begebenheiten der vergangenen zwei Wochen waren gelöscht, für sie wie für ihn. Sie waren allein. Es gab nur noch sie beide in der Welt, als hätten sie sich in einer stürmischen Nacht auf einem Boot im Ozean verirrt.

Alma bewohnte den zweiten Stock des Hauses in der Elisabethstraße unweit der Oper. Es stand an der Ecke einer der Gassen, die in die Ringstraße mündeten. Im Gründerzeitstil erbaut, hatte es eine überladene Fassade, die den Wohlstand des Hausbesitzers dokumentieren sollte. Zwei kräftige Herkulesfiguren waren nötig, um das Gewicht des Portals zu tragen. Sie stellten eine Muskulatur zur Schau, die an Möbelpacker denken ließ. Um die Schwere der Konstruktion etwas aufzulockern, schwangen sich steinerne Blumengirlanden von Fenster zu Fenster. Oskar waren diese Häßlichkeiten bis jetzt nicht aufgefallen.

Nun ging er beinahe schon eine Stunde lang auf der gegenüberliegenden Straßenseite auf und ab und starrte unentwegt diese Fassade hinauf. Die Muskulatur der Möbelpacker schien ihm plötzlich um einiges zu obszön, zu aufreizend für eine Frau, die hier täglich ein und aus gehen mußte. Die steinernen Girlanden ließen ihn an seinen Freund Loos denken, der den überflüssigen Zierat verdammte. Mit Recht. Schlichte Fenster in glatte Wände eingelassen, wie edel das dagegen war. Alle Fenster im zweiten Stockwerk waren beleuchtet. Hin und wieder konnte Oskar jemanden vorbeigehen sehen. Alma gab eine Einladung, bei der er nicht erwünscht war.

Oskar war den ganzen Nachmittag bei ihr gewesen. Sie hatte ihm eine ihrer eigenen Kompositionen vorgespielt. Er verstand ja nicht viel von Musik, aber es schmeichelte ihm, wenn sie ihn nach seinem Urteil fragte. Er hatte ihr vorgeschlagen, die Lieder drucken zu lassen, er würde eine Zeichnung für das Titelblatt anfertigen: Alma, wie sie auf dem Erdball balancierte! Die Königin der Musik!

Gegen sechs Uhr war Maud mit Gucki nach Hause gekommen, gemeinsam hatte man zu Abend gegessen, dann hatte Oskar der Kleinen eine Geschichte erzählt. Eine wahre Geschichte, wie er jedesmal versicherte.

Vor ein paar Jahren habe er mit einem Freund in einer fremden Stadt gelebt, er hatte kein Geld und auch sein Freund nicht. Es war Winter und furchtbar kalt, und weil sie beide nicht einmal einen Mantel besaßen, blieben sie den ganzen Tag in der Wohnung, und weil auch kein Geld aufzutreiben war für Bücher oder sonstigen Zeitvertreib, erzählten sie sich Geschichten. Gegen die Langeweile. Sie dachten sich eine Tochter aus, die hieß Virginia und war genauso alt wie Gucki, und sie besaß auch eine Schildkröte.

Gucki liebte Oskars Virginiageschichten. Einmal war Virginia ein Waisenkind, das sein Freund und er bei sich aufgenommen hatten, dann wieder war sie eine zur Wirklichkeit gewordene Phantasie, denn wenn man fest an etwas glaube, dann werde es auch wahr, erklärte Oskar. Er hatte an Guckis Bett gesessen und erzählt, bis das Mädchen eingeschlafen war. Gucki hatte festes schwarzes Haar und eine gewölbte Stirn, die viel Eigensinn versprach. Ihr Köpfchen ähnelte dem ihres Vaters. Oskar hatte das Licht gelöscht und sich gedacht, so wird es einmal sein, so werde ich einmal mein eigenes Kind in den Schlaf wiegen, das Kind, das Alma und ich auf die Welt bringen werden. Der Abend würde dem Kind gehören, die Nacht seiner Geliebten. Jede Nacht würde er von ihrem Zaubertrank trinken, der ihn neu beleben sollte, um am nächsten Tag wieder arbeiten zu können. So würde es werden.

Oskar hatte leise die Tür hinter sich geschlossen. Auf Zehenspitzen war er den Gang entlanggegangen. Die Flügeltüren zum roten Salon hatten offengestanden. Hier waren die Kerzen bereits angezündet, und die Weingläser und Karaffen brachen das Licht ins Tausendfache.

»Du solltest wieder was schreiben, Oskar«, hatte Alma aus dem Badezimmer gerufen, so laut, daß zu befürchten war, Gucki würde wieder aufwachen.

»Ach was, die schläft fest. Wie ihr Vater. Wenn der einmal eingeschlafen war, dann hätte die Erde beben können, er hätte nichts gemerkt.« Alma war bereits für den Abend zurechtgemacht. Sie trug ein weites, langes Kleid mit Ärmeln wie Flügel eines trägen

Schmetterlings. Es war aus verschiedenen fließenden Stoffbahnen genäht, teils aus durchsichtiger Spitze, teils aus leichtem Chiffon. Sie sah königlich aus. »Ernsthaft, Oskar, du hast ein Talent zum Erzählen, schreib die Geschichten auf. Arthur Schnitzler war gestern hier. Seine Stücke werden jetzt ins Amerikanische übersetzt. Das wird ihm Hunderttausende einbringen, wenn nicht Millionen. Du hast doch früher Theaterstücke geschrieben. Schreib wieder was. Das mit dem Verlag kann ich arrangieren. Die Universal Edition ist mir eine Gefälligkeit schuldig, weil ich sie die Partitur von Mahlers Neunter und das Lied von der Erde herausbringen lasse. Mach mir bitte mein Kollier zu, du hast so geschickte Hände.«

Sie hatte ihm den Rücken zugewandt und den Kopf nach vorne gebeugt. Ihr Nacken war für Oskar eine besonders reizvolle Stelle ihres Körpers, die Haut war hier bräunlich und rauh wie die Haut eines reifen Pfirsichs. Am Haaransatz kräuselten sich kleine, zarte Löckchen. Oskar hatte das Kollier mit einer Schließe fixiert, die mit zwei kleinen Brillanten verziert war.

»Wer kommt heute, daß du dich so fein machst?«

»Ach, niemand besonderer. Bruno bringt eine junge Sängerin mit, und ich will sie meiner Freundin Zuckerkandl sozusagen ans Herz legen. Die soll in der Wiener Allgemeinen Zeitung etwas über sie schreiben. Stell dir vor, der Gregor, der neue Operndirektor, ist so ein Nebochant, was die Musik betrifft – na ja, er kommt ja vom Theater, aus Dresden, dort dürften sie keine Ahnung haben! Der hat sich von der Frau vorsingen lassen und hat sie abgelehnt! Bruno hat sie daraufhin sofort für München unter Vertrag genommen.«

Alma war immer leicht überdreht, wenn sie Gäste erwartete, sie redete von hunderterlei Dingen, und Oskar ging es gelegentlich auf die Nerven, daß sie dann Klatsch mit Kultur verwechselte.

»Schade, daß ich nicht richtig angezogen bin, sonst würde ich heute abend hierbleiben«, hatte er gesagt, obwohl er genau wußte, daß sie das an solchen Abenden nicht wollte. Alma hatte ihm versichert, daß die Gesellschaft für ihn absolut uninteressant werden würde, eigentlich sei es eine Arbeitsbesprechung.

»Ich interessiere mich für alles, was dich interessiert.«

»Es wird aber nur über Musik geredet werden.«

»Du mußt aufpassen, die meinen vielleicht gar nicht dich, Alma, wenn sie mit dir reden! Die meinen den Mann, mit dem du einmal zusammengelebt hast!«

»Du redest Unsinn!«

Und weil Oskar doch ziemlich gekränkt gewesen war, daß sie ihn wie einen Hund fortschickte, hatte er ihre Gäste eine Bagage genannt.

»Eine Bagage?« Alma hatte übertrieben laut aufgelacht. »Soll ich dir sagen, wer kommt? Bruno Walter ist wahrscheinlich der bedeutendste Dirigent Europas, der dirigiert in London, in Rom, in Moskau, und ab August ist er der königlich-bayrische Generalmusikdirektor, und Bertha Zuckerkandl ist die Schwägerin des französischen Ministerpräsidenten, und – «

» – und des Kaisers von China. Hör auf! Ich will es gar nicht wissen, wie berühmt deine Freunde alle sind.«

In der Tür hatte er sich noch einmal umgedreht. »Trotzdem ist es nicht gut für dich, wenn du dich dauernd mit dieser Bagage umgibst – «

Alma hatte die Tür zugeschlagen. Im Stiegenhaus war er dem Dienstmädel Natalja, das sich Alma für diesen Abend von ihrer Mutter ausgeliehen hatte, begegnet. »Guten Abend, Pan Oskar«, hatte sie gegrüßt. In Galizien sagte man so zu den Herren.

Die Elisabethstraße lag an einem kleinen Park mit alten Platanen, mit Rosenbüschen und Jasmin und einer Statue von Friedrich Schiller. Die Nacht war mild. Es war eine Nacht, die ein Mann mit seiner Geliebten irgendwo im Freien verbringen sollte, im Wienerwald, wo noch der Geruch von Waldmeister in der Luft lag, wo das Laub der Buchen tagsüber hellgrün schimmerte, wo später in der Nacht die Glühwürmchen ihre Hochzeitsflüge tanzten. Statt dessen ging Oskar nun im Park auf und ab, rauchte und schaute zu Almas Fenster hinauf, wo sie von ihren Satelliten umgeben war, die sie umkreisten wie einen funkelnden Stern.

Gegen Mitternacht sperrte Natalja das Haustor auf, zwei Frauen und ein Mann kamen heraus. Oskar versteckte sich hinter einer Platane und beobachtete die Gäste, die lange vor dem Haustor standen und plauderten. Endlich bekam Natalja ihr Trinkgeld, die schwere Tür fiel zu, und die drei spazierten hinunter zur Operngasse. Eine der Frauen war wahrscheinlich die verkannte Sängerin, die ältere von den beiden die Journalistin mit dem berühmten Schwager. Der Mann mochte ebenfalls ein Sänger sein, mit dröhnender Stimme gab er einen Fauxpas des neuen Operndirektors zum besten. Dieser habe doch wirklich vorgehabt, bei der Aufführung von Rheingold sieben Walküren auf die Bühne zu bringen, wo Wagner doch nur drei Singstimmen geschrieben habe! Was sollten denn die anderen vier machen? Schwimmen vielleicht? Und daraufhin lachte der Sänger, als stünde er als Rigoletto auf der Hofopernbühne und nicht hier in der nächtlichen Elisabethstraße.

Wie konnte Alma ihre Zeit bloß mit so einfältigen Menschen verbringen, warum zog sie diese ihm vor? Jetzt kam oben jemand ans Fenster und öffnete es. Wer war das? Das war nicht Alma. Nun setzte Klavierspiel ein, und er hörte, wie Alma sang. War es nicht dasselbe Lied, das sie vor gar nicht so langer Zeit für ihn gesungen hatte? Für wen singt sie es jetzt?

Oskar drückte das Haustor auf. Natalja hatte vergessen abzusperren. Er lief die Stufen zum zweiten Stock hinauf. Ich dulde es nicht, daß sie mit einem anderen Mann allein ist! Oskar läutete. Er drückte den Klingelknopf, als wäre er das Auge seines Nebenbuhlers. Natalja öffnete.

An der Garderobenwand sah Oskar einen dunklen Mantel hängen, der mit Sicherheit nicht Almas Mantel war.

So schön war der Tag gewesen, sie hat für mich Klavier gespielt, wir haben uns geliebt, ich habe Gucki eine Geschichte erzählt –

ich hätte die Illusion behalten können, daß sie die meine ist, meine Frau, daß wir zusammengehören. Wie durch Watte hörte Oskar das Mädchen sagen: »Die gnädige Frau möchte jetzt nicht gestört werden.«

»Was ist denn, Natalja, hat jemand etwas vergessen? Wer ist denn gekommen?« Alma trat aus dem Salon in das Vorzimmer, ihr Haar etwas aufgelöst, strahlend und schön wie eine Göttin stand sie im rötlichen Lichtschein. »Du bist es, Oskar! Wir arbeiten noch – «

»Wer ist bei dir?« herrschte er sie an.

»Komm doch herein, wenn du willst.«

Oskar war schon an ihr vorbeigegangen, hatte sie einfach zur Seite geschoben. Ein Mann stand an Almas Klavier, etwa Mitte Dreißig, bartlos, mit auffallend gelocktem schwarzen Haar. Er war über Notenblätter gebeugt und blickte nur kurz auf, als Oskar hereinkam.

»Die Klarinette im Mittelteil deutet das cis-Moll aus dem Adagio an. Ist Ihnen das schon aufgefallen, Alma?«

»Ich bin schon wieder da. Entschuldigen Sie, Bruno«, rief Alma dem Schwarzgelockten zu, und zu Oskar sagte sie im Vorübergehen begeistert: »Bruno Walter ist nur mir zuliebe noch einmal nach Wien zurückgekommen, um Mahlers Werk aus der Taufe zu heben. Und er macht es wunderbar!«

Zur Bekräftigung ihrer Dankbarkeit hauchte sie Bruno einen Kuß zu, dann setzte sie sich ans Klavier und spielte einige Läufe aus der vor ihr liegenden Partitur.

Sie hörte den letzten drei Akkorden nach. Sie wiederholte die Akkorde, sie zerlegte sie in kurze Läufe, in schnelle Bewegungen, bevor sie mit einem A-Dur-Akkord endete. Zwischen den Zähnen hielt sie jetzt einen Bleistift, mit dem sie hin und wieder an den Rand der Partitur eine Anmerkung schrieb.

»Eigentlich eine freie Sonatenform. Sehr ähnlich den letzten Schönbergkompositionen«, stellte Bruno Walter fest, nahm Almas Notenblatt und legte es zu den anderen Blättern. Er ordnete sie nach einem geheimnisvollen System, als würde er Patiencen legen.

»Dieser unbegabte Mensch hat die Partitur ein symphonisches Potpourri genannt! Gerade daß er nicht Strudelteig-Symphonie gesagt hat!« Alma ärgerte sich immer noch über den Dirigenten der Musikfestwochen, der behauptet hatte, Mahler hätte die Arbeit viel zu rasch beendet, um über die ominöse Zahl neun hinwegzukommen.

Oskar stand am Fenster. Er bereute, daß er heraufgekommen war. Er verstand kein Wort von dem, was da geredet wurde. Er kramte in seinen Taschen nach Zigaretten. Da fand sich nichts. Auf einem Teetischchen in seiner Nähe lag eine Dose mit Ägyptischen. Die hatte wohl einer von Almas Gästen hier liegenlassen. Oskar nahm eine Zigarette heraus, zündete sie an, tat einen tiefen Lungenzug und blies den Rauch lautstark aus. Was bin ich doch für ein blöder Hund, dachte er, eifersüchtig, mißtrauisch, eigentlich bin ich ihrer unwürdig. »Ich hab dich singen gehört, darum bin ich heraufgekommen.«

»Du täuschst dich, Oskar. Ich habe nicht gesungen. Bruno, das ist übrigens Oskar Kokoschka, der Maler, dem der Thronfolger Malverbot gegeben hat, ich habe Ihnen ja davon erzählt.«

Bruno ließ endlich das Ordnen der Notenblätter sein. Er blickte Oskar freundlich an. »Das scheint ja so was wie ein Qualitätssiegel in Wien zu sein, Arbeitsverbot durch den kaiserlichen Hof. Wie anderswo ein Orden.« Bruno hatte eine norddeutsche Aussprache, die aber bereits ein wenig den Wiener Singsang angenommen hatte. »Aus – Schluß für heute, Alma, Sie sind mir eine große Hilfe, ich wüßte nicht, wie ich ohne Sie durch diesen Wust hindurchkäme. Aber jetzt möchte ich in mein Hotelbett. Ihre Natalja soll mir eine Droschke rufen.«

Zum Abschied küßte er Alma die Hand und sagte: »An Ihnen ist eine Kapellmeisterin verloren gegangen.«

»Wirklich? Wissen Sie, daß ich eigentlich Kapellmeisterin werden wollte? Nach meinem Studium. Und bei wem, glauben Sie, habe ich mich beworben? Bei Mahler!«

»Nein!«

»Doch.«

»Sie haben sich bei ihm beworben?«

»Ja.« Alma seufzte abgrundtief. »Und wo stehen wir jetzt, wir beide? Vor seinem Nachlaß.« Sie hatte wirklich eine Veranlagung zur Tragödin, fand Oskar. »Was wollte er uns beiden damit sagen, Bruno?«

Wie sie dastand, in jeder Hand ein Notenblatt, die Arme in hilfloser Geste von sich gestreckt, während ihre Augen sich mit Tränen füllten! Oskar dämpfte seine Zigarette aus. Wenn sie doch jetzt bitte aufhören würde mit ihrer Trauer um einen anderen! Er war da, Oskar, für ihn sollte sie leben!

»Ich werde auch gehen«, sagte er mit Bestimmtheit.

»Warte einen Augenblick!« Sie legte die Notenblätter beiseite und wischte sich die Tränen aus den Augen. Oskar haßte sie in diesem Moment.

»Ich geh jetzt, Alma«, wiederholte Oskar sehr deutlich.

»So warte doch, Oskar!«

Oskar war schon an der Tür, als Alma noch etwas Wichtiges einfiel, das sie Bruno mitteilen mußte. Ob er eigentlich wisse, daß sich Mahler für diese Symphonie bereits einen Titel ausgedacht hatte: Was mir der Tod erzählt!

»Was mir der Tod erzählt«, wiederholte Bruno ergriffen. Da war Oskar schon draußen und schlug die Tür hinter sich zu. Er rannte die Stiegen hinunter, hinaus aus dem Haus auf die Straße.

Alma stand am Fenster. »Oskar!« rief sie, »Oskar!« Aber er blickte sich nicht mehr um. »Was hast du denn?« rief sie ihm nach. »Bist du jetzt beleidigt, weil es einmal nicht um dich geht?«

»Du kümmerst dich um einen Toten mehr als um mich!« brüllte Oskar. Ein Hund begann zu bellen. Es war nach Mitternacht. Die Elisabethstraße war eine gute Wohngegend, hier brüllte man in der Nacht nicht auf der Straße.

Die American Bar war voller angeheiterter Nachtschwärmer, als Oskar gegen ein Uhr dort eintraf. Er fand kaum Platz zum Stehen.

Adolf Loos war mit seiner englischen Freundin Bessie gekommen, die saß mit angezogenen Knien auf der Theke und grölte mit heiserer Stimme irgendein walisisches Volkslied, oder war es irisch, auf den Text achtete hier ohnehin niemand, eher auf Bessies Rocksaum, der immer höher rutschte und ihre schönen langen Beine freilegte. Adolf Loos trank Whiskey anstatt der üblichen Buttermilch, das würde schlimme Folgen haben, Magenkoliken und eine Woche Diät.

»Herr Ober«, rief Peter Altenberg, »fragen Sie den Kokoschka, was er trinken möchte, ich geh inzwischen aufs Häusl.«

Altenberg war in ausgezeichneter Stimmung, denn Bessie hatte eine junge Kollegin aus dem Varieté mitgebracht, ein kaum sechzehnjähriges Mädchen, also gerade noch in dem von Altenberg akzeptierten Alter. Jedes weitere Jahr bei einer Frau machte ihm schon Angst. »Sie hat einen Bronzearsch! In Bronzegold modellierte Arschbacken, zum Küssen! Ich hab sie auf der Bühne gesehen«, raunte er Oskar zu, als er sich an ihm in Richtung Toilette vorbeidrängte, die hier ebenso winzig war wie das übrige Lokal.

Oskar trank Unmengen in dieser Nacht, und schließlich landeten sie alle gegen fünf Uhr früh in seinem Atelier. Altenberg hatte, wer weiß woher, in seinen Manteltaschen zwei Flaschen Likör mitgebracht. Wenn junge Mädchen in seiner Nähe waren, mutierte er, der sonst ein unausstehlich grantiger Mensch war, zu einem übermütigen Bonvivant. Die sechzehnjährige Elevin war allerdings irgendwo unterwegs verlorengegangen. Adolf Loos verspürte bereits starkes Sodbrennen, der sichere Vorbote einer Magenkolik. Bessie gebärdete sich, als wäre sie das soeben erst aus London importierte Girl, sie sang und tanzte, bis ein Hustenanfall sie innehalten ließ.

Auf der Staffelei stand das halbfertige Portrait von Alma. Eine Mona Lisa in Blond mit den Augen einer Katze.

»Mona! Wissen Sie, was das auf deutsch heißt? La mona heißt die Fut! Die Fut der Lisa!« Peter Altenbergs Stimme kippte beinahe vor Erregung. »Freunde, pilgern wir nach Paris in den Louvre, um eine Fut anzubeten! Heil Fut! Heil Kitzler!« Dann fiel er erschöpft in das Ledersofa und blieb wie ein Sack dort liegen, ein kleiner, jämmerlicher Sack.

Adolf Loos hatte Almas Portrait geraume Zeit studiert. »Das Portrait ist großartig, Oskar, aber das Modell taugt nichts. Sie müssen Bessie malen«, rief er, »ich zahle jeden Preis für ein Bild meiner Frau!« Eine schönere Frau als eine Engländerin werde Oskar niemals finden. Oskar versprach, Bessie zu malen, er versprach auch, Bessie zu seinem neuen Lieblingsmodell zu machen, aber jetzt sollten ihn die Freunde entschuldigen, er müsse sich hinlegen. Und er verschwand hinter einem Paravent.

»Die Witwen, die Witwen«, meldete sich Altenberg wieder, »die haben einen ewig brummenden Kitzler, einen singenden, summenden, die können gar nicht genug kriegen, einer allein schafft das ja gar nicht!«

»What did he say?« Bessie verstand die Feinheiten der deutschen Sprache noch immer nicht.

»Das ist nichts für brave Mädchen, Bessie«, meinte Adolf Loos.

Oskar trug nichts mehr zur Unterhaltung bei. Er lag wie tot auf seinem Bett. Sein Gesicht war in Almas Pyjama vergraben. Gott sei Dank ließ sie ab und zu etwas bei ihm liegen.

Hinter den schmutzigen Atelierfenstern, den mit Taubendreck vollgeschissenen Scheiben, zeigte sich das erste Licht des Tages, blaugrau war der Morgen in Wien.

Eine Woche lang trafen Alma und Oskar sich nach diesem Vorfall nicht. Oskar schrieb ihr, daß er sie erst wieder sehen wolle, wenn jede einzelne ihm zuwiderlaufende Idee aus ihrem Gehirn mit einem Messer herausgekratzt sei, eher werde er vor Liebe verhungern. »Ich dulde keine fremden Götter neben mir«, ließ er sie wissen.

Alma hatte jetzt so viel mit der Konzertvorbereitung zu tun, daß ihr die Aussicht auf ein paar Tage ohne Oskar sehr gelegen kam. Er würde sich schon wieder beruhigen.

Bessie kam tatsächlich zu Oskar ins Atelier, um ihm Modell zu stehen. Eigentlich hieß sie Elisabeth Bruce, war als armes Proletarierkind in London geboren, im selben Jahr wie Oskar, wie sich herausstellte. Oskar empfand für sie wie ein Bruder, wie sie hatte er von Jugend an ums Überleben kämpfen müssen.

Vor einigen Jahren war sie zum ersten Mal in Wien als Varietétänzerin aufgetreten, im Tabarin. Peter Altenberg verbrachte dort und in ähnlichen Lokalen seine Nächte, er schrieb kleine Zeitungsartikel über die Künstlerinnen, und sie setzten sich zu ihm an seinen Tisch. Er hatte sich ein bißchen in Bessie verliebt, denn er war ein Dichter, und Dichter verlieben sich rasch. Eines Tages hatte er Bessie mit seinem Freund Adolf Loos bekannt gemacht. Loos war erfreut, sich wieder einmal auf englisch unterhalten zu können, und Bessie verliebte sich in ihn, denn er hatte gute englische Manieren. Bald darauf war sie Frau Loos, auch wenn Adolf Loos sie nicht wirklich heiraten konnte. Er war ja noch mit einer Schauspielerin verheiratet, die aber schon längst über alle Berge war und mit anderen Männern zusammenlebte.

Bessie brauchte nun nicht länger in kalten Hotelzimmern zu wohnen, sie lebte mit Loos zusammen, sie kümmerte sich um die vernachlässigte Wohnung des Architekten, machte alles sauber – gekocht wurde nicht viel, es gab ja genügend Restaurants. Für Loos begann mit Bessie eine schönere Zeit. Er nahm große Aufträge an, verdiente genügend Geld, und Bessie bekam teuren Schmuck und einen Nerzmantel geschenkt. Wenn sie nun nachts das Tabarin besuchte, war sie die eleganteste Frau im Publikum. Sie mußte sich nicht mehr auf die Bühne stellen, um vor fremden Menschen zu tanzen und ihren Bronzearsch zu zeigen. Sie tanzte und sang nur mehr für ihre Freunde, bis es eines Tages anfing: Zuerst waren es nur leichtere Erkältungen, sie glaubten, der Husten käme vom Staub, den Bessie schluckte, wenn sie die Wohnung saubermachte. Gegen ein Dienstmädchen hatte sie sich immer verwehrt. Aber den Keim der Krankheit hatte sie wahrscheinlich schon aus London mitgebracht, die schlechte Ernährung, die Kälte, der Nebel und das ungesunde Wohnen waren ein idealer

Nährboden für Tuberkulose. Bessie war schon zweimal auf Kur in Davos gewesen. Aber sie hustete wie eh und je.

Oskar machte die ersten Skizzen für ein Portrait. Bessie sollte herumgehen, reden, rauchen, singen, was immer sie wollte. Sie entschied sich, ein bißchen Ordnung in Oskars Atelier zu machen. Während sie mit Besen und Schaufel ans Werk ging, verfolgte Oskar sie mit dem Zeichenblock. Wenn sie gebückt arbeitete, kroch er auf dem Fußboden herum, um ihr Gesicht nicht aus den Augen zu verlieren. Als die Wohnung endlich sauber war, hatte Oskar etliche Zeichnungen von Bessie angefertigt.

Wenige Tage später gab es bereits die erste Ölskizze auf Karton, und innerhalb einer Woche war Oskar soweit, die ersten Farbschichten auf die grundierte Leinwand aufzutragen. Oskar stand an der Staffelei und experimentierte mit Kobaltblau, von dem er sich einen interessanten Effekt für Bessies Hautfarbe erhoffte. Er hatte Almas Pyjama aus kardinalroter Seide an, er trug ihn gern beim Arbeiten – da stand sie, zum erstenmal seit ihrem Streit, wieder in seinem Atelier.

Sie ließ sich auf das Sofa fallen, fächelte sich Kühlung zu und erklärte, daß sie jetzt endlich fertig sei mit allen Vorbereitungen für das Konzert. Die Plakatherstellung, die Pressearbeit, die Einladungslisten, auch den Kartenverkauf habe sie überwachen müssen, schließlich verdiente sie Tantiemen an jeder Aufführung von Mahlers Werken. »Ich wünsche mir, daß du morgen zu der Uraufführung mitkommst. Wir haben die Bühnenloge für uns. Mit dir und Gucki möchte ich dort sitzen.«

Oskar schwieg. Er trug das Kobaltblau mit den Fingern auf. Kobaltblau war so ziemlich das teuerste Blau, das es zur Zeit gab. Loos hatte das Portrait bereits bezahlt und auf beste Farben bestanden.

»Ich glaube, der Abend wird der Triumph der Musikfestwochen. Alle kommen – «

»Ich nicht.«

»Ich möchte aber, daß du kommst!«

»Das geht leider nicht. Ich bin mit meiner Arbeit noch nicht fertig.« Oskar bemühte sich, ganz ruhig und entspannt zu bleiben.

»Komm«, bettelte sie.

»Erst wenn ich mit diesem Bild fertig bin!«

Wer war das überhaupt auf dem Bild? Alma hatte sich noch gar nicht die Mühe gemacht zu fragen, woran Oskar denn arbeite. War das eine junge Frau? Gewöhnlich portraitierte Oskar – wenn er überhaupt jemand anderen malte als Alma – reiche, alte Damen, Kundinnen von seinem Freund Loos, den Alma nicht leiden konnte.

»So grandios ist das aber nicht, dein neuestes Werk.«

»Was gut ist, bestimme ich allein.«

»Diese Frau ist häßlich!«

Oskar lachte. Ein kurzes, zynisches Lachen. Das machte Alma wütend: »Ich will nicht, daß du fremde Frauen malst. War die hier in unserem Atelier? Das ist gegen unsere Abmachung.«

»Das ist keine fremde Frau«, Oskar lachte wieder, »das ist die Frau von meinem besten Freund.«

»Egal wer sie ist, sie ist häßlich – mach das Bild kaputt!«

Oskar wischte seine Hände ab und sagte, ohne den Blick von dem Bild abzuwenden: »Wenn es dir Spaß macht –« Dann nahm er sein Messer vom Arbeitstisch, und ganz ruhig, als ginge es darum, einen Brief zu öffnen oder einen Apfel zu schälen, wischte er die Klinge an seinem Ärmel ab, mit einem kurzen Blick auf Alma gab er zu bedenken: »Das Bild ist schon bezahlt worden«, aber er wußte ohnehin, daß sie keinen Schritt zurückweichen würde.

»Na und?« sagte sie schnippisch.

Oskar stieß das Messer mitten in das Portrait von Bessie und schlitzte es bis untenhin auf. Es war, als schnitte er in lebendiges Fleisch. Und noch ein Stich, und noch einer! Alma war näher herangetreten. Ihr Hals und ihr Dekolleté waren gerötet. Was Oskar dem Bild antat, erregte sie. Sie stand ganz nahe hinter ihm, während er immer wieder auf das Gesicht von Bessie einhieb. »Du darfst keine anderen Frauen malen«, flüsterte Alma heiser, »ich bin deine einzige.«

Oskar drehte sich zu ihr um, ging einen Schritt zurück und schaute sie an, wie er vorhin das Bild angeschaut hatte. Dann umschlang er sie, und während er ihren Mund aussaugte, machte sie sich mit ihren Händen an seiner roten Pyjamahose zu schaffen. Sie sanken beide zu Boden, lagen inmitten von Farbsäckchen, von Papier und Leinwandrollen, auf den Fetzen von Bessies zerhacktem Gesicht, zwei nackte Menschenkörper, beschmiert mit dem teuren Kobaltblau, mit Indischgelb und Kadmiumrot. Einmal saß Alma rittlings auf ihm, dann war er über ihr. Er hatte Angst, es könnte das letzte Mal sein, als müsse er jetzt sterben. Seine Finger öffneten ihr Fleisch. Ihr bitterer Geschmack auf seinen Lippen. Ihre weißen, verdrehten Augen. Die Feuchtigkeit in ihrer Wurzel. Er fühlte sich hinweggeschwemmt von einer Woge, hinabgeleitet in einen gemeinsamen Tod. Er hörte einen Schrei von weit her, es war seine eigene Stimme, die ihn aus dem Niemandsland der Lust zurückholte in die Wirklichkeit.

Am Abend des 26. Juni 1912 fand im Großen Musikvereinssaal die Uraufführung von Gustav Mahlers Neunter Symphonie statt. Es war die einzige Novität der diesjährigen Wiener Musikfestwochen. Als Vorprogramm stand die cis-Moll-Symphonie von Haydn auf dem Programm.

Der Saal war bis auf den letzten Platz ausverkauft. In ihrer Bühnenloge konnte Alma von jedermann gut gesehen werden, dessen war sie sich bewußt. Sie hatte ein schlichtes Kleid aus dunkelblauem Satin gewählt. Nur das Cape war mit einem schmalen Hermelin eingefaßt.

Die Loge auf der anderen Seite des Podiums war für den Oberhofmeister Montenuovo reserviert. Ehrerbietig erhob er sich von seinem Platz, als er Alma in ihrer Loge erblickte. Über Montenuovos Schreibtisch gingen die Bestellungen und Entlassungen aller wichtigen Leute im Wiener Musikleben, von den Operndirektoren bis hin zu den Dirigenten. Natürlich waren auch für Montenuovo die Wünsche der Kaiserfamilie Befehl, aber mit seinem Fingerspitzengefühl konnte er so einiges richten, etwa wenn sich der Thronfolger Franz Ferdinand wieder einmal in Kunstangelegenheiten eingemischt hatte. Während der Hetzkampagne, die vor sechs Jahren gegen Mahler angezettelt worden war und die schließlich zu Mahlers Demission und seiner Abreise nach Amerika geführt hatte, hatte Montenuovo immerhin zu seinem Operndirektor gestanden. Die Presse hatte ihm vorgeworfen, er wolle sich bei den Juden beliebt machen. Tatsache war aber, daß Mahler im Laufe seiner Direktionszeit die Oper aus den roten Zahlen gebracht und in ein gewinnbringendes Unternehmen verwandelt hatte, seine Operninszenierungen waren stets ausverkauft. Das war der eigentliche Grund, weshalb der Oberhofmeister so große Stücke auf Mahler hielt. Alma hatte aber den Eindruck, daß er ein bißchen in sie verliebt war. Ohne Montenuovos Zustimmung jedenfalls hätte sie die Rochade am Dirigentenpult nicht durchsetzen können.

Beim Logenschließer wurde ein Polster für Guckis Platz verlangt, das Kind sollte höher sitzen und alles überblicken können. Oskar war noch nicht gekommen. Almas Mutter und Carl Moll teilten eine Loge mit Mahlers Schwester Justine. Glücklicherweise lag ihre Loge nicht gleich neben der von Alma. Sicherlich würde es dort kein anderes Gesprächsthema geben als die Frage, für wen Alma bloß den Platz neben sich freihielt.

Der Platz neben Alma blieb während der ganzen Haydnsymphonie frei. Hatte er vor, sie zu demütigen? Wollte er ihr irgend etwas heimzahlen? Hatte sie ihn wieder einmal zu wenig beachtet? Alma ärgerte sich, denn sie hatte ihn nicht ohne Überlegung eingeladen. Wenn sie sich heute Abend mit ihm zeigte, so war das ein öffentliches Bekenntnis zu ihm. Sie präsentierte ihn der Wiener Gesellschaft als zu ihrem engeren Kreis gehörig. Für einen jungen Künstler war das noch nie ein Nachteil gewesen.

Oskar hatte die Stadtbahn genommen, es gab Verzögerungen

bei der Abfahrt, als er endlich die Station Karlsplatz erreichte, war es bereits drei Viertel neun. Trotzdem war alles seine Schuld, denn er hatte sich nicht entscheiden können, was er anziehen sollte, wenn er sich zu ersten Mal an Almas Seite öffentlich zeigte. Es stand nicht viel zur Auswahl, er blieb bei den Lackschuhen, bei Weste und Jacke aus Homespun und der violetten Schleife. Er hastete die Stufen der Stadtbahnstation herauf, er rannte über den Platz auf das Musikvereinsgebäude zu, seine Jackenschöße flogen im Wind. Der Saaldiener wollte Oskar nicht mehr eintreten lassen, der aber riß ohne zu zögern einfach die Tür zum Konzertsaal auf.

Dort war soeben eine erwartungsvolle Stille eingetreten. Das Ereignis dieses Abends, auf welches die Welt wartete, wie es Alma im Programmheft formulieren hatte lassen, stand unmittelbar bevor. Am Dirigentenpult verharrte Bruno Walter in einem letzten Moment der Konzentration, bevor er den Taktstock heben würde. Die Leute in den hinteren Zuschauerreihen drehten sich nach Oskar um, der breitbeinig am Ende des Mittelganges stand und nach Alma Ausschau hielt.

Alma war erleichtert. Sie winkte ihm dezent zu und deutete ihm, daß er den Gang hinter den Seitenlogen nehmen müsse, um zu ihr zu kommen. Ich habe verstanden, ich komme, bedeuteten Oskars Handzeichen. Als er endlich in Almas Loge angekommen war, konnte er sicher sein, daß alle Leute im Saal ihn anblickten. Einige hatten sogar ihr Opernglas angesetzt. Alma seufzte erleichtert und wies Oskar den Stuhl neben sich zu. Bruno Walter, der die Unruhe im Saal spürte, blickte zu Alma. Sie nickte, die Uraufführung der Neunten Symphonie von Gustav Mahler konnte beginnen.

In D-Dur setzten die tiefen Harfentöne ein, darüber sang ein Horn die Melodie wie einen Naturlaut. Jetzt die Geigen, alle noch ruhig und friedlich. Geheimnisvolle Laute sprangen auf, ein Rauschen, ein Summen. Boten von einem verschwiegenen, fremden Leben. Und dahinter war ständig ein Glockenklang vernehmbar.

Oskar war noch nie in einem Konzert gewesen, schon deswegen wirkte die Musik auf ihn wie eine Meereswoge, die über ihm zusammenfiel. Er sah das Gesicht des Toten vor sich, grau, hart, verschlossen die Augen und der Mund, die Stirne gewölbt und breit. Und welche gewaltigen Fluten hatten einmal hinter dieser Stirn geklungen, welche Schauerlichkeit und welch eine Süße. Oskar kam sich mit einem Mal klein und unbedeutend vor. Seine Malerei, seine Verse – was waren die gegen diese Macht der Musik!

Dann der zweite Satz: derb, ein kolossaler Ländler, der nicht von Menschen, sondern von Riesen getanzt wurde. Eine böse Lustigkeit war in dieser Musik. Ein Totentanz, dachte Oskar. Er schloß die Augen, und er sah Almas Wohnung vor sich, den roten Salon mit dem schweren, schwarzen Flügel, aus einer Tapetentür trat Almas verstorbener Gatte, im schwarzen Frack, so wie ihn der Dirigent da vorne trug, die Haare umloderten wie schwarze Flammen das kreideweiße Gesicht, in der Hand hielt er drohend den Dirigentenstab. Mit einem eigenartig stelzigen Schritt, bei dem er die Knie bis zum Magen hochzog, ging er auf Alma zu, die bewegungslos dastand und in jeder Hand eine von Oskars Zeichnungen hielt. Dann stieß der bleiche Mann seinen Dirigentenstab in die Zeichnungen hinein, erst in die eine, dann in die andere. Oskar öffnete die Augen, er wandte sich zu Alma, sie bemerkte seinen Blick, lächelte ihm zu, griff nach seiner Hand und hielt sie von nun an bis zum Ende des Konzertes fest. So war es besser.

Alma war glücklich. Sie spürte die gespannte Aufmerksamkeit des Publikums, die Philharmoniker spielten, als wären sie ein einziges Instrument, das würde kein zweites Orchester der Welt so nachspielen können. Mit wenigen Proben hatte Bruno Walter die Musiker zu dieser Glanzleistung geführt. Er dirigierte mit körperlichem Totaleinsatz, der Schweiß tropfte ihm bereits von der Stirn. Die beiden Mittelsätze waren auch für das Publikum eine Herausforderung, das spürte Alma, das düster-wilde a-Moll des dritten Satzes, die starken Kontraste der Rhythmen und Stimmungen, die fugierlustigen Kontrapunkte. Da und dort wurde es unruhig im

Saal. Die freie Sonatenform erinnerte tatsächlich an Schönberg. Der war in Wien bisher nur ausgezischt worden. Alma mußte an ein Schönbergkonzert vor fünf Jahren denken, als sie mit Gustav Mahler neben einem Mann gestanden hatte, der pfiff und zischte, während Mahler demonstrativ applaudierte. Mahler hatte gesagt, zischen Sie nicht, wenn ich applaudiere! Worauf dieser Mann frech geantwortet hatte: Ich zische auch bei Ihren Symphonien! Darauf Mahler: So schauen Sie auch aus! Ein Handgemenge war entstanden, und wenn nicht ein Saaldiener eingegriffen hätte, wäre Mahler wegen seiner Begeisterung für Schönberg verprügelt worden. Alma lächelte versonnen, und in ihren Augen standen ein paar Tränen.

Der vierte Satz begann mit einem eruptiven Klagegesang der Streicher. In diesem Adagio war Almas Lieblingslied versteckt, Isoldes Liebestod, nur ein kleiner Kreis von Eingeweihten vermochte das herauszuhören. Mit diesem Lied hatte sie vor gar nicht so langer Zeit ihren jungen Geliebten betören können, ein wohliges Gefühl durchflutete Alma, und sie drückte Oskars Hand fester. Eine feierliche Ruhe stellte sich ein. Die Symphonie, die in D-Dur begonnen hatte, verhauchte einen Halbton tiefer.

Nach einer kurzen, andächtigen Pause brach ein stürmischer Applaus los. Bruno Walter gab den Applaus weiter an sein großartiges Orchester, dann wandte er sich Almas Loge zu. Mit einer warmen und dankbaren Geste wies seine Hand zu ihr hinüber. Alma stand auf und mit ihr alle Menschen im Saal. Alle applaudierten, alle Blicke waren auf Alma gerichtet. Sie selbst war viel zu ergriffen, um ihre Hände bewegen zu können. Oskar war nicht aufgestanden. Gucki schlug ihre kleinen Hände hastig zusammen. Oskar klatschte fest und bedächtig.

Im Foyer des Musikvereinsaales wurde Alma von Journalisten umdrängt. Oskar stand abseits in einer Fensternische. Nicht einmal rauchen durfte man hier. Er fühlte sich sehr unbehaglich. Das Gedränge um Alma herum nahm kein Ende. Er hätte doch nicht mitkommen sollen! Sein Instinkt war richtig gewesen, sie hatte ihn zu einem Totentanz eingeladen. Wie sie dort steht, wie sie redet, wie sie Auskunft gibt über Mahler, über das Genie Mahler! Immer noch ist sie die geistige Sklavin des Toten, sie gehorcht ihm immer noch! Sie merkt nicht, wie jeder Takt seines Werkes sie aushöhlt. Mahlers Ruhm wird ihr niemals Erlösung bringen. Warum begreift sie das nicht!

Die Menge um Alma lichtet sich endlich. Jetzt sucht sie ihn, blickt sich nach ihm um. Sie nimmt Gucki an der Hand und kommt auf ihn zu. Die arme kleine Gucki, müde ist sie und gelangweilt, zu anstrengend ist der ganze Rummel für das Kind. Oskar fühlt mit dem Mädchen. Jetzt werden wir gleich nach Hause fahren, Gucki, und endlich Ruhe haben!

»Oskar!« Alma greift nach seiner Hand. »Stell dir vor! So ein Triumph! Der Oberhofmeister bittet uns hinüber ins Belvedere!«

»Mich?« Ein ungläubiges Lächeln huscht über Oskars Gesicht.

»Aber nein. Bruno Walter und mich. Die Gucki nehme ich auch mit.«

»Ach so«, sagt Oskar, und sein Lächeln ist wieder verschwunden.

Oskar wandte sich um und ging. Nichts wie weg aus diesem Gebäude! Oskar ging und ging. Er achtete nicht auf den Verkehr, wenn er die Straßen überquerte. Er stieß Passanten an und wurde selbst gestoßen. Er ging. Weggeschickt wie ein Hund in den hintersten, schmutzigsten Winkel.

In seinem Atelier stand noch eine Flasche Likör, die Peter Altenberg hier vergessen hatte. Oskar setzte an und trank. Ein ekelig süßer Geschmack. Überall waren noch die Spuren des letzten Zusammenseins mit Alma: das verschüttete Farbpulver, die zerrissene Leinwand, Abdrücke ihrer farbverschmierten Körper auf dem Boden. Bessie würde jetzt auch nicht mehr kommen. Trübe Aussichten waren das. Oskar griff noch einmal nach der Flasche und trank sie leer. Warum vergeudet sie sich an diese Menschen! Sie denkt doch eigentlich wie ich, sie ist so wie ich. Bei mir könnte sie ihren Körperfrieden finden! Ohne mich erleidet sie Marterqualen. Er mußte zurück, er mußte sie aus den Fängen dieser Menschen retten.

Es war kurz nach Mitternacht, als die Gäste des Oberhofmeisters das Untere Belvedere verließen. Der größte Teil der Stadt war um diese Nachtzeit dunkel, aber der Schwarzenbergplatz war die ganze Nacht hindurch beleuchtet. Vor den Parkanlagen warteten die Chauffeure bei den Automobilen, auch einige Droschken standen bereit. Alma kam am Arm des schwarzgelockten Dirigenten den Kiesweg herunter, die müde kleine Tochter wankte hinterher. Plötzlich trat ihr Oskar entgegen.

»Alma! Du brauchst heute gar nicht zu mir kommen!« Bedrohlich kam er auf Alma und den Dirigenten zu. »Kriech zu wem anderen ins Bett! Aber nicht zu mir!«

Weitere Gäste waren hinzugekommen. Wie die Hühner stoben sie wieder auseinander, als Oskar auf sie zutorkelte und schrie: »Wenn du dich mit so einer Bagage umgibst, ekelt es mich vor dir!«

Bruno Walter bot Alma geistesgegenwärtig seinen Wagen an, damit sie dieser peinlichen Szene entfliehen konnte.

»Er ist schrecklich betrunken, Bruno«, sagte sie noch, bevor der Dirigent den Wagenschlag schloß. »Sie dürfen ihm das nicht übelnehmen!«

Der Chauffeur wendete das Auto in Richtung Prinz-Eugen-Straße, am Karlsplatz beim Café Museum bog er in die Elisabethstraße ein. Oskar nahm die nächste freie Mietdroschke und wies dem Kutscher denselben Weg. Als Oskar Minuten später vor Almas Wohnhaus ankam, brannten im zweiten Stock bereits die Lichter. Oskar sprang aus dem Wagen, rannte zum Haustor. Es war versperrt. Er drückte wie ein Wilder die Klingel. Oben ging ein Fenster auf. Alma rief: »Du Egoist!« und schlug das Fenster wieder zu.

Die beiden nackten Herkulesfiguren standen da wie zwei böse Wächter, stumm und ungerührt.

»Alma! Warte! Ich muß mit dir reden!« In seiner Verzweiflung versuchte er die Hausfassade hochzuklettern. Er stieg auf den Sockel des Herkules, kaum konnte er sich halten. Er schaffte es bis zum Knie des steinernen Riesen, er konnte noch den Ellbogen ergreifen, als er den Halt verlor.

»Gnä' Herr, der Fuhrlohn!« rief der Kutscher. Oskar hatte ihn noch gar nicht bezahlt.

»Alma! Mach auf!«

Oskar bemerkte, daß er sich bei seinem Kletterversuch am Oberschenkel verletzt hatte, das Blut sickerte warm an seinem Bein herab.

Da entdeckte er unter der Ferse des Herkules einen länglichen dunklen Gegenstand, ein Stück Eisen. Vielleicht könnte er damit die Tür aufbrechen.

»Den Fuhrlohn krieg ich noch!« wiederholte der Kutscher. »Zwei Kronen! Und wenn ich noch lang da warten muß, wird es mehr!« In der ganzen Straße war der Kutscher zu hören, noch lauter aber waren Oskars Brüllen und sein Gehämmer an der Tür.

»Maud, bitte, beruhigen Sie den Narren!« Alma stand im Flur und spülte ein paar Verolan mit einem Glas Benedictine hinunter. Das süßliche Getränk verklebte ihr die Kehle. »Haben wir nichts anderes gegen den Durst da? Das ist ja entsetzlich! Maud, bitte, tun Sie was!«

Sie schüttete die restlichen Beruhigungstabletten in die hohle Hand. Das reichte, um ein Pferd in Schlaf zu versetzen. Sie schob den ganzen Vorrat in den Mund und trank den Rest des Benedictine, der noch in der Flasche war.

Maud schloß die Tür zu Guckis Zimmer und eilte im Schlafrock aus der Wohnung und das Treppenhaus hinab zur Eingangstür. »Wenn ich zugrunde gehe, ist es deine Schuld, Alma!« hörte sie Oskar von draußen noch brüllen, und als Maud die Tür aufsperrte, stand Oskar mit erhobenem linken Arm vor ihr, das Stück Eisen wie ein Messer gezückt.

»Jesus Christ!« brachte Maud gerade noch hervor. Aber Oskar

richtete das Eisen nicht gegen Maud, sondern gegen sich selbst, gegen seine eigene Hand.

»Ich bring mich um, wenn sie mich nicht hereinläßt! Ich stoße mir das rostige Eisen in die Hand, dann werde ich nie mehr malen können!«

»Er bringt sich um!« gellte Mauds Stimme. »Frau Mahler, er bringt sich um!« Oskar nützte den Moment, drängte sie zur Seite und stürmte die Treppen hinauf. Die Wohnungstür stand offen.

Alma lehnte im Vorzimmer an der Wand, und in dem Moment, als Oskar hereinkam, sank sie kraftlos zu Boden.

Oskar wurde schlagartig nüchtern. Er wollte sie aufheben. Das war nicht einfach. Ihr Körper war wie leblos und entglitt ihm immer wieder. Der Kopf schlug hart am Boden auf. Jetzt packte er sie unter den Achseln und zerrte sie den Gang entlang zu ihrem Schlafzimmer.

»Ich gemeiner Mensch«, stammelte er, »ich Hund, ich hab dich krank gemacht! Du mußt wieder gesund werden, Alma, für mich mußt du wieder gesund werden.« Auf romantischen Bilddarstellungen trugen die Männer ohnmächtige Frauen wie ein Gebetbuch vor sich her. In Wirklichkeit war das eine mühevolle Schwerarbeit, mußte Oskar erfahren.

Maud hatte inzwischen den Kutscher bezahlt. Wieder zurück in der Wohnung telefonierte sie sofort nach Doktor Fraenkel.

Alma erbrach sich, das war gut so. Maud rannte, um ein Lavoir zu bringen. Oskar stützte Alma die Stirn, während sie sich übergab. Sie entledigte sich eines Großteils des ungesunden Gemisches aus Beruhigungstabletten und Alkohol. Der Geruch von Erbrochenem erfüllte das Zimmer. Oskar wischte Alma das Gesicht sauber, strich ihr die nassen Haarsträhnen aus der Stirn und half ihr ins Bett.

»Geh nach Hause. Ich will nicht, daß du mich so siehst«, sagte Alma schwach. Sie begann zu weinen, immer heftiger, bis ihr ganzer Körper zuckte und zitterte.

»Du brauchst keine Angst haben«, flüsterte er, »ich sehe dich so, wie du wirklich bist. Immer schon habe ich dich so gesehen.

Die anderen sehen nur diesen äußeren Glanz, ich aber sehe, wie du innen bist. Dort bist du rein und stark.« Er redete beruhigend auf sie ein, und sie entspannte sich allmählich. »Du darfst nicht schwach sein wie die gewöhnlichen Weiber, weißt du, wenn du mich nämlich nur für einen Moment vergißt, Alma, dann verliere ich meine Kraft, dann verschwinde ich ganz in mir.« Er redete so zu ihr, wie er sonst in seinen Briefen schrieb. Sie schloß die Augen. »Wenn du dich an andere verschwendest, dann beleidigst du deine Schönheit und dein Gefühl für mich. Deine Schönheit und deine Liebe müssen aber ein Opfer für meine Kunst sein, Almi. Wenn wir erst einmal zusammenleben, dann wird alles gut. Ich werde für dich sorgen.« Da schlief sie aber schon, und als Maud mit dem Doktor Fraenkel hereinkam, bedeckte Oskar noch schnell Almas Brust, denn er wollte nicht, daß ein anderer Mann ihren Körper sah.

Oskar wartete draußen im Flur, während der Arzt bei Alma war. Die Vorstellung war ihm unangenehm, daß Doktor Fraenkel nun Almas Körper abtastete. Der Arzt hätte nicht kommen brauchen, dachte er, sie ist ja wieder gesund. Almas Schlafzimmer hatte doppelte Flügeltüren, selbst wenn er wollte, er hätte kein Wort vernehmen können von dem, was drinnen vor sich ging. Einmal öffnete Maud die Tür, da konnte er vernehmen, wie Fraenkel schimpfte und Alma vorwarf, sie habe sich lächerlich gemacht. »Ganz Wien wird darüber reden, aber du hast es ja nicht anders gewollt – «

Du? Der Arzt sagte du zu Alma? Sollte ihn das wieder beunruhigen? Oskar sah sich gefangen im Spinnennetz seiner Eifersucht.

Aber es gab einen Ausweg. Er schlich in Almas Arbeitszimmer. In dem kleinen, mit dicken Teppichen belegten Raum gegenüber dem roten Salon stand ihr Schreibtisch, hier bewahrte sie ihre persönlichen Dinge auf, Briefe, Fotos und Bilder, einige Zeichnungen ihres Vaters, die sie Carl Moll entreißen hatte können, die handschriftlichen Partituren Mahlers, ihre eigenen Noten. In einer Lade fand Oskar schließlich, wonach er gesucht hatte: ihre Urkundenmappe, darin ihre Geburtsurkunde, ihre Heiratsurkunde und die Todesanzeige von Gustav Mahler.

Das war der Ausweg. Der Name! Solange sie einen fremden Namen nach ihren eigenen, lieben Namen setzen mußte, so lange würden sie beide immer wieder in Qualen und Unfrieden verfallen. Er war ihr Mann, und Kokoschka sollte ihr richtiger Name sein.

Romana Kokoschka hielt stets penibel Ordnung in ihren persönlichen Sachen. Sollte sie ganz plötzlich sterben, so würden ihre Kinder keine zusätzlichen Scherereien haben. Die Wäsche lag gebügelt im Kasten. Der Familienschmuck und ein paar dicke Silbermünzen waren in einer Geheimlade im Eßtisch sicher verwahrt. Die amtlichen Papiere, in zierlicher Kurrentschrift beschrieben und mit fetter Stempelfarbe besiegelt, lagerten in einer Schatulle im Spiegelkasten. Auch Oskars Papiere verwahrte die Mutter dort auf.

Als Oskar an einem gewöhnlichen Wochentag am Bennoplatz auftauchte, nicht wie sonst am Sonntag, und alle seine Papiere haben wollte, den Taufschein, den Heimatschein und seinen Militärschein, da hätte sie eigentlich alles schnell zur Hand gehabt. Aber ihr mütterlicher Instinkt ließ sie zögern.

»Du hast doch gar keinen Militärschein –«

»Dann eben diesen Schein, auf dem steht, daß ich militärfrei bin, wegen der Lunge.«

»Wozu brauchst du das alles, Okele?«

»Für eine Ausstellung.«

Oskars Mutter kannte die Geschäfte ihres Sohnes gut genug, um zu wissen, daß er für eine Ausstellungserlaubnis keinen Militärschein vorweisen mußte. »Oskar«, sagte sie streng, »lüg mich nicht an.«

Daraufhin drückte sie plötzlich ihre Hand an die Brust. Sie konnte kaum Atem holen. »Was ist? Was hast du, Mutter?«

»Nichts!« Sie ging mit kurzen, unsicheren Schritten zu dem schweren Eßtisch und ließ sich auf einen Stuhl fallen. »Nichts hab ich.«

Oskar war ratlos. »Soll ich dir – «

»Nichts sollst du!« Böse starrte sie vor sich hin, und ihre faltige, blasse Hand strich fortwährend über die Tischdecke aus dunkelgrünem Samt. Nach einer Weile kam es mit tonloser Stimme: »Aber bevor du ans Heiraten denkst, mußt du erst einmal die Mitgift für deine Schwester aufbringen. Kannst du das?« Sie beantwortete die Frage gleich selbst: »Nein!« Über die Finanzen ihres Sohnes wußte sie besser Bescheid als er.

»Willst du gar nicht wissen, wen ich heiraten werde?«

»Nein!« Die alte Frau blickte ihren Sohn nicht an. Wortlos legte sie die Papiere auf den Tisch. Endlich fragte sie: »Seit wann geht das schon so? Mit der Frau?« Sie wußte also von Alma. Berthi konnte nie ihren Mund halten. Aber einmal mußte sie es ja erfahren, sagte sich Oskar, und sie ist immerhin nicht gestorben daran, wie sie mir immer prophezeit hat.

»Wie ist sie denn so?« Romana Kokoschka wollte also doch wissen, an wen sie ihren Sohn verlor. Oskar lächelte. Was sollte er sagen? Er konnte doch seiner Mutter nicht von Almas schönem Leib vorschwärmen? Oder wie weich sich ihre Hüften anfühlten oder wie gut sie roch?

»Sie ist eigentlich eine Komponistin«, sagte er.

»Die hat immer schon viele Männergeschichten gehabt, auch wie sie noch verheiratet war. Das weiß man doch«, erwiderte die alte Frau. Ihr Gesicht zeigte keine Regung.

»Das ist nur so ein böses Gerede von den Leuten. Darauf sollst du nicht hören.« Oskar nahm seine Papiere. Er war verärgert. Alle hatten etwas an Alma auszusetzen! Dem Adolf Loos war sie zu bürgerlich, der Berthi war sie nicht fein genug, Peter Altenberg haßte alle Witwen.

Bevor die Tür ins Schloß fiel, hörte er die Mutter ihm nachrufen: »Daß du dich nicht genierst, mit so einem alten Weib!«

Oskar bestellte das Aufgebot im Rathaus von Döbling. Der Bezirk, in dem die Eltern der Braut lebten, war im Falle einer Eheschließung zuständig. Der Standesbeamte ließ sich viel Zeit, um die Papiere zu studieren. Mit einer für Oskar quälenden Gründlichkeit kontrollierte er jede Eintragung. Schließlich entdeckte er, wonach er so lange gesucht hatte: ein Ehehindernis! Alma war irgendwann einmal, als junges Mädchen, zum protestantischen Glauben übergetreten. Oskar aber war katholisch. Das bedeutete eine Mischehe, eine kirchliche Heirat war daher unmöglich, aber auch für eine zivile Eheschließung bedurfte es der Zustimmung der katholischen Bischofskanzlei. Erfahrungsgemäß mußten Brautleute auf solche Ausnahmegenehmigungen lange warten. Ohne zu zögern erklärte Oskar seinen Austritt aus der katholischen Kirche. Als Termin für die standesamtliche Trauung ließ er den 19. Juli festsetzen. Das war in drei Wochen, der frühestmögliche Termin, den das Gesetz zuließ.

Sein nächster Weg führte ihn auf die Hohe Warte, um bei Carl Moll um die Hand Almas anzuhalten. Das war eine reine Formsache, ein Akt des guten Benehmens, dessen war sich Oskar bewußt. Eine Frau wie Alma, die Dirigenten abberief und neue einsetzte, würde sich nicht von ihrem Stiefvater vorschreiben lassen, wen sie heiraten dürfe und wen nicht.

Derselben Meinung war auch Carl Moll. Seine Frau Anna Moll war an diesem Vormittag außer Haus, sie war mit Gucki beim Arzt, denn das Kind wollte nicht recht essen. Wäre Anna Moll hiergewesen, sie hätte den jungen Mann beiseite genommen und ihm klargemacht, was sie von seinen Plänen hielt – nämlich nichts. Er hätte einsehen müssen, daß er in Familien wie die der Mahlers und Molls einfach nicht hineinpasse. Ihre Tochter sei einen Lebensstandard gewöhnt, den er ihr in keiner Weise bieten könne. »Aber das ist Almas Angelegenheit. Sie halten ja nicht um meine Hand an, sondern um die meiner Tochter«, hätte sie vielleicht noch gesagt und dabei anzüglich gelacht, wie es ihre Art war. Anna Moll, verwitwete Schindler, geborene Bergen, war als Operettensängerin von Hamburg nach Wien gekommen, wo sie sich von dem berühmten Maler Schindler hatte betören lassen und ihn heiratete. Ob Oskar Kokoschka, dieser arme Schlucker, als Künstler je gesellschaftliche Anerkennung erringen würde, das müßte man einmal abwarten.

Carl Moll dagegen zweifelte nicht an Oskars Talent. Er müßte nur etwas zivilisierter werden, kompromißbereiter, dann könne er sich eine künstlerische Zukunft für ihn schon vorstellen. Aber niemals in Wien! Als Kunsthändler konnte Moll bestimmte Entwicklungen mit Sicherheit voraussagen. Außer Adolf Loos, dessen ästhetische Ansichten auch bloß von wenigen gutgeheißen wurden, glaubte hier doch niemand an den jungen Maler. Oskar Kokoschka gehörte auch keiner heimischen Künstlergruppe an, und keiner von den akademischen Malern wollte mit ihm in Zusammenhang gebracht werden. Selbst Klimt, der anfangs eine schützende Hand über ihn gehalten und seine rebellischen Einfälle geduldet hatte, äußerte nun Zweifel.

Am Wiener Kunstmarkt sah Carl Moll für Oskar also keine Zukunft, und noch weniger konnte er sich Oskars Zukunft an der Seite von Alma vorstellen. »Die hat schon den armen Gustav Mahler zugrunde gerichtet«, lachte er und klopfte Oskar jovial auf die Schulter, »aber wenn Sie meine Stieftochter unbedingt heiraten wollen, Oskar, dann fragen Sie nicht mich, sondern fragen Sie sie selbst.«

Also machte sich Oskar auf den Weg in die Stadt, um bei Alma ganz formell um ihre Hand anzuhalten. Er wollte nicht vor elf Uhr in der Elisabethstraße sein, weil er sonst seine Braut geweckt und einen ihrer Wutanfälle riskiert hätte, bevor er noch dazu gekommen wäre, ihr den 19. Juli als Hochzeitstermin mitzuteilen.

Von der Hohen Warte bis zur Universität fuhr er mit der Tramway, dann ging er zu Fuß den Ring entlang. Beim Heldenplatz begegnete er der kaiserlichen Karosse, zwei Apfelschimmel waren vorgespannt. Die Vorhänge der Karosse waren wie immer zugezogen, wer weiß, ob der alte Franz Joseph überhaupt da drinnen saß. Wenn der Wagen an einem Offizier vorbeikam, mußte dieser habt acht stehen. Mit so einer Kutsche mit zwei weißen Apfelschimmeln davor werde ich Alma in drei Wochen abholen und sie zum Standesamt führen, dachte Oskar.

Je näher er Almas Haus kam, umso heftiger klopfte sein Herz. Untertags stand das Haustor immer offen. Oskar ging die Treppen hinauf in den zweiten Stock. Er lief nicht, wie sonst, er schritt Stufe für Stufe, im vollen Bewußtsein der Würde seines Vorhabens. Der Bräutigam geht zu seiner Braut! Oskar sah Bilder im Geist vor sich, wie er den Hochzeitstag in seinem Atelier gestalten wollte. Barfuß, im weißen Kleid und mit offenem Haar, würde Alma das Hochzeitsgericht auftragen: Krüge mit warmer Kuhmilch, frische, duftende Brote und kleine, süße Früchte, welche ihre Finger ordneten. Und Maud würde einen roten, zuckenden Fisch auf den weiß gedeckten Tisch legen, dann würde sie auf Zehenspitzen hinausgehen und das Paar alleine lassen.

»Die gnädige Frau ist nicht hier.« Mauds Stimme riß ihn aus seinen Phantasien.

»Dann will ich warten, bis sie wiederkommt.« Alma ging um diese Tageszeit nie sehr lange aus, das wußte er.

»Das wird nicht möglich sein«, meinte Maud. Sie konnte Oskar seit seinem nächtlichen Exzeß nicht mehr leiden, sie verstand auch nicht, warum die gnädige Frau, die doch eine Dame war, sich mit einem so unkultivierten Menschen abgab.

»Warum soll das nicht möglich sein?«

»Frau Mahler ist verreist.« Wie sie den Namen Mahler betonte!

»Seit wann?«

»Seit gestern abend.«

»Aber sie ist doch krank. Wohin ist sie – «

Die gnädige Frau habe etwas für ihn dagelassen, unterbrach ihn Maud, einen Brief.

Oskar riß den Brief auf: Du bist ein Tyrann, mußte er lesen, du führst eine Diktatur ein, die ich nicht akzeptiere. Er überflog die Zeilen. Die Details wollte er nicht lesen, das waren nur Vorwürfe. Er hatte sich berechtigte Sorgen um Alma gemacht, wenn sie das aber als Tyrannei empfand, dann lag da eben ein Mißverständnis vor.

Oskar suchte den Schluß des Briefes. Eigentlich war bei einem Brief ohnehin nur der Schluß von Bedeutung. Stand da, daß sie ihn liebte und ohne ihn nicht leben konnte, daß sie ihn küßte und umarmte? Oder sagte sie ihm bloß Lebewohl, ohne Kuß, ohne Liebe?

Am Ende des Briefes stand: »Ich muß meinen Weg jetzt alleine gehen.« Sie war mit ihrer Freundin Lilly Lieser weggefahren.

Warum mit dieser Lilly, wenn sie ihren Weg alleine gehen wollte? Sicher hatte Lilly die Reise schon lange vorbereitet, und ihm war es verheimlicht worden. »Ich habe mich so lange nicht um Lilly gekümmert, ich war ungerecht, denn sie war immer da, wenn ich sie brauchte. – Ich muß wieder zu mir finden. Ich muß meinen Weg jetzt alleine gehen. Gib uns Zeit!« Gib uns Zeit. Gut, das konnte er einsehen, es war alles ein bißchen atemlos gewesen in den letzten Tagen. Aber warum mußte sie sich plötzlich um Lilly kümmern? Er war der, der sie brauchte, er, Oskar! Wie er Lilly plötzlich haßte! Lilly mit ihrem Geld! Lilly, die mit Schlafwagentickets und Hotelreservierungen winkte! Der Tyrann war diesmal wohl Lilly.

Oskar ließ den Brief sinken. Dann übergab er Maud die Papiere, die er auf dem Standesamt hatte vorlegen müssen, und bat sie, diese in Almas Schreibtischlade zurückzulegen. »In drei Wochen wird sie hoffentlich zurück sein«, hoffte er. Maud zuckte die Schultern. Das wisse sie nicht.

Als Oskar wieder in seinem Atelier war, setzte er sich an seinen Arbeitstisch und begann eine Geschichte zu schreiben. Von einem Mann, der sich in einen Werwolf verwandelt. Das tat ihm jetzt gut, Worte für seinen Zustand zu finden: wie sich die Tiererregung in dem Mann Raum verschafft, wie sein Gesicht sich verwandelt in das eines finsteren Wesens mit stechenden Augen. Er beschrieb den Gesang eines einsamen Werwolfs, der die Frau im Mond anheult:

Wacht auf, Schläfer!
Ein weißer Vogel fliegt im Zimmer, hat meine Augen
ausgehackt –
Wacht auf, Schläfer!

Ein roter Fisch schwamm durch, hat mein Blut
vollgetrunken –
Schlagt ein das Tor, Schläfer!
Ein Wärwolf rannte aus, hat mein Herz abgefressen – [7]

Das Hotel, das Alma und Lilly in Scheveningen, einem Stadtteil von Den Haag, bezogen hatten, war ein hübscher heller Fachwerkbau im englischen Landhausstil mit einem rundum verglasten Speisesaal zum Meer hin. Im Salon stand ein weißer Flügel. Nach dem Dinner, wenn draußen die Luft bereits zu kalt für Spaziergänge war, setzte sich manchmal ein Hotelgast an den Flügel und spielte Schubertlieder oder neuere Operettenschlager. Wenn Alma sich an den Flügel setzte und dieses oder jenes Stück aus dem Gedächtnis spielte, konnte sie sicher sein, daß sich im Nu der Salon mit Zuhörern füllte.

»Sie ist aus Wien«, flüsterte man sich zu, »die Witwe eines Dirigenten.« So mancher Kurgast versuchte daraufhin, mit ihr ins Gespräch zu kommen, von den Operninszenierungen Mahlers schwärmend, welche er vor Jahren in Wien einmal hatte erleben dürfen, und die Herren küßten Almas Hand und blickten ihr dabei tief in die Augen.

Lilly hielt sich dann immer etwas abseits und wartete geduldig, bis Alma wieder Zeit für sie hatte. Sie ertrug es erstaunlich gut, daß Alma im Zentrum der Bewunderung stand, während sie selbst im Hintergrund blieb. Dafür genoß sie das Privileg, Almas einzige wirkliche Vertraute zu sein. Sie kannte alle ihre Geheimnisse und Heimlichkeiten, denn auch Alma brauchte eine andere Frau, der sie alles erzählen konnte. Da Lilly ihr als Nebenbuhlerin nie gefährlich werden konnte, war sie die ideale Freundin. Lilly wußte über Oskar Bescheid, sie war über jedes Detail dieser Beziehung informiert, und nun hatte sie Alma auch dringend geraten, einen bekannten Arzt in Den Haag aufzusuchen, nachdem ihre monatlichen Blutungen ausgeblieben waren. Wenn sie wirklich schwanger war, dann wußte sie ja nicht einmal genau, von wem. Der Eingriff war schmerzhaft, aber zwei Tage später war Alma bereits wieder soweit, daß sie mit Lilly an den Strand gehen konnte.

Die Luft war voll vom Geschrei der Möwen, die ihre Beute im Schlick suchten. Die Muschelsucherinnen weit draußen im Wattenmeer gingen gebückt, die Röcke hochgerafft, wie riesige Laufvögel bewegten sie sich am Horizont. Zwischen den blaugestreiften Strandkörben und den Badegästen mit den bunten, ebenfalls gestreiften Badetrikots tummelten sich kleine weiße Hündchen. Alma konnte dem Flair der Nordsee nicht viel abgewinnen. Die Strandkörbe fand sie unbequem. Sie fühlte sich in ihnen eingeengt, konnte nicht links und nicht rechts schauen, weil dieser Kobel sie von allen Seiten einschloß. Auch der ständige starke Wind machte den Aufenthalt am Strand ungemütlich. Überall nistete sich Sand ein, in den Haaren, in allen Hautfalten, in den Ohren, zwischen den Zähnen. Sie phantasierte bereits, daß auch ihre wunden inneren Organe inzwischen voller Sand wären. Aber Lilly glaubte an die gesundheitsstärkende Wirkung des Nordseeklimas, es sei genau das richtige für Almas Zustand.

Lillys Strandkorb stand im schrägen Winkel zu Alma. Lilly las in einem Damenjournal, Alma hatte einen Block auf dem Schoß liegen, sie zeichnete.

»Sag ihm bitte nie ein Wort davon, daß ich zeichne!«

»Wem?«

»Oskar!«

Lilly seufzte. Sie war der Meinung, Alma sollte sich jetzt mehr um ihre Gesundheit kümmern als darum, was Oskar zu ihren Zeichnungen sagen könnte.

»Sei so lieb und setz' den Strohhut auf!« Alma zeichnete am liebsten Frauen mit großen Hüten. Lilly mußte den Strohhut mit beiden Händen festhalten, denn der Wind war stärker geworden. »Wart noch, dreh den Kopf nach links, ich will dein Profil sehen!« Alma korrigierte die Linie der Nase, dann zeichnete sie ein paar zierliche Löckchen, die unter dem Hut hervorschauten. Sie zeichnete ihre Freundin viel hübscher, als sie eigentlich war. Alma hatte schon immer ihre Tagebücher mit kleinen Skizzen versehen. Sie zeichnete die Menschen, denen sie begegnet war und die sie beeindruckt hatten, meistens Frauen in eleganten Kleidern und mit gewagten Hutkreationen.

»Weißt du eigentlich, daß Eugenie Schwarzwald in Paris eine Geliebte hat? Was sagst du dazu, Alma?« Lilly las gerne Zeitschriften, die solche Indiskretionen verbreiteten. »Die Katherine Mansfield und die Ida Baker leben ja schon ganz offiziell zusammen. Aber die Schwarzwald versucht es natürlich zu verheimlichen!« Es galt in avantgardistischen Kreisen als chic, lesbisch zu sein oder zumindest mit einer Lesbierin gut befreundet zu sein. Die erwähnte Eugenie Schwarzwald aber war Direktorin einer Mädchenschule in Wien. In ihrer Position ging sie mit so einer Affaire ein Risiko ein.

»Ich glaube, das ist nur ein Gerücht, um ihr zu schaden. Eine Rache.«

»Rache? Wofür?«

»Weil sie einmal Oskar als Zeichenlehrer angestellt hat. Als die Eltern dahinterkamen, wer ihre kleinen Goldfasane unterrichtet, mußte die Schwarzwald Oskar entlassen, sonst hätte man ihr die Schule zugesperrt. Dabei waren die Mädchen alle verliebt in ihn. Wegen seiner schönen blauen Augen und weil er ihnen immer Geschichten erzählt hat. Zeichnen durften sie, was sie wollten, er hat ihnen ja nichts vorgeschrieben.«

»Du denkst immer noch an ihn«, kritisierte Lilly.

»Das stimmt nicht. Ich hab ihn schon ganz vergessen.«

»Du solltest dich einmal sehen, wie selig du lächelst, wenn du von ihm sprichst.«

»Du verstehst das nicht. Weil du überhaupt nichts von Männern verstehst. Sonst würdest du bemerken, daß ich mich innerlich völlig von ihm entfernt habe.«

Das war gelogen. Alma vermißte Oskar sehr, sie träumte von ihm, und sie verglich alle Männer, denen sie in Scheveningen begegnete, mit Oskar. Keinen hätte sie gegen ihn eintauschen wollen. Aber gerade das machte ihr Sorgen. Darum sagte sie zu Lilly:

»Ich bin froh, daß ich meine Freiheit wiederhabe. Ein Kind von ihm wäre der größte Unsinn gewesen.«

Auch Oskar sollte seine Freiheit genießen, so jedenfalls beschlossen seine Freunde. War er doch noch jung und unerfahren. Er sollte nicht an der ersten Frau hängenbleiben, die ihn in ihr Bett ließ. Es war an der Zeit, ihn auf andere Gedanken zu bringen. Karl Kraus und Adolf Loos nahmen ihn jetzt häufig auf Streifzüge durch das erotische Wiener Nachtleben mit. Nach einer ausgiebigen Zechtour fand sich Oskar eines Nachts im Salon der Madame Rosa.

Salon war eine etwas hochtrabende Bezeichnung für ein größeres Zimmer im ersten Stockwerk eines der Häuser am Spittelberg. Die wenigen roten Plüschmöbel und die dicken Samtvorhänge gaben dem einstigen Biedermeierwohnzimmer den notwendigen verruchten Anstrich. An der Tür war ein Plakat angebracht, das eine malayische Schlangentänzerin zeigte. Die Tänzerin hatte das eine Ende der Schlange um den Hals gewickelt, das andere Ende ragte zwischen ihren Beinen hervor. Es sah aus, als würde sie auf der Schlange reiten. Das sind die wirklichen Hexen, dachte Oskar, so schauen sie aus. Sie verschreiben sich nicht mehr dem Teufel, so wie in den Geschichten, die ihm seine Großmutter in Pöchlarn erzählt hatte, sondern sie stehen auf der Gehaltsliste einer Puffmutter am Spittelberg. Aus diesen Betrachtungen riß ihn die Stimme der Madame Rosa, in deren Obhut die Freunde ihn für den Rest der Nacht gelassen hatten.

»Kinder«, verkündete sie in ihrem männlich-rauhen Timbre, »ihr müßt ins obere Stockwerk gehen. Folgen Sie nur den Damen, meine Herren.«

Sie war eine Riesin, und sie kommandierte ihre Mädchen und die Gäste wie ein Feldwebel. Es war laut und heiß, im Salon krächzte ein Grammophon, das immer wieder neu angekurbelt werden mußte. Am frühen Abend waren noch Sängerinnen mit französischen Namen aufgetreten, aber um diese Zeit waren alle Mädchen für die Arbeit in den Séparées eingeteilt.

Oskar gehorchte dem Befehl der Madame Rosa. Sie kassierte das Geld, und er folgte einer Frau, die außer einer hellblauen Federboa nichts anhatte. Sie wurde ihm unter dem Namen Antonia vorgestellt. Antonia roch herb und hatte sehr lange Beine. Es schien ihm wie ein geheimer Ritus, dieses Hinter-dieser-Frau-Hergehen, durch den Salon, an den mit Mädchen und Kunden überfüllten Sofas vorbei und dann die schmale Wendeltreppe nach oben in den Flur, der zu den kleinen Zimmern führte.

Oskars Augen mußten sich erst an die Dunkelheit gewöhnen. Hier war alles voller Gerümpel. Nach und nach erkannte er einen Paravent, Kleiderständer, einige Stühle und ein Bett. Orientalische Schleier, Kleider, Dessous und Perücken waren achtlos fallengelassen worden. Die Spiegel an den Wänden und an der Decke vervielfältigten das Chaos. Antonia machte das Bett frei, sie warf allerlei Dinge zu Boden und schob einen Sessel, der im Weg stand, zur Seite. Dann half sie Oskar aus seinen Kleidern. Oskar legte sich auf sie. Als er seinen Blick hob, sah er in einer Unzahl von Spiegelbildern seinen nackten Körper auf dem nackten Körper einer fremden Frau. Arme und Beine der Frau bewegten sich wie Schlangen auf seinem Rücken. Sie ist die malayische Schlangentänzerin, kam es Oskar in den Sinn, und in der Kiste neben dem Bett lauert wohl die malayische Riesenschlange, die jetzt unruhig wird. Das Bett knarrte unter den mechanischen, ruckartigen Bewegungen. Jetzt hob sich der Kistendeckel – der Kopf einer wirklich sehr großen, fetten Schlange schob sich heraus. Oskar sah die Schlange in Hunderten von Spiegelbildern. Hundert Schlangen und hundert nackte Arme und hundert nackte Beine. Mit einem Schrei richtete er sich auf und stürzte aus dem Zimmer.

»Du willst doch nicht nackt auf die Straße?« Antonia stand mit seinen Sachen in der Tür. Oskar aber wollte keinen Schritt mehr in diese Kammer setzen. Antonia warf ihm seine Kleider zu. »Hast Angst, daß dich meine Fifi in den Arsch beißt?« Sie griff ihm zwischen die Beine. Es machte ihr Spaß, ihn zu ärgern. Als er endlich gehen konnte, lachte sie laut hinter ihm her.

Oskar ging von nun an nicht mehr ins Kaffeehaus. Er ließ sich auf keine nächtlichen Ausflüge mehr ein. Die Erinnerung an die Nacht am Spittelberg war ihm unangenehm. Wenn er mit Alma zusammenlag, waren sein und ihr Körper zwei heilige Gefäße, und er und sie waren die Priester, die einen Ritus vollzogen, dessen geheimen Ablauf nur sie beide kannten.

Oskar überlegte ernsthaft, ob er nicht zur Beichte gehen sollte. Aber er war ja aus der Gemeinschaft, die ein so schlichtes Ritual zur Tilgung von Schuldgefühlen anbot, ausgetreten. Noch nie hatte er ein so starkes Bedürfnis nach Reinigung verspürt, er dachte sogar daran, Alma in einem Brief zu beichten, daß er bei einer Hure gewesen sei. Aber endlich kam er zu dem Schluß, daß der Besuch in Madame Rosas Etablissement nichts anderes war als ein Hilfeschrei. Ein Schrei nach Alma.

»Du weißt, daß ich elend bin, seitdem Du von mir weg bist und daß ich gerne schon möchte, wenn diese Marter Dir wenigstens Deine Gesundheit wieder herstellt. Karl Kraus wollte mich mit einer malayischen Schlangentänzerin versuchen, ich hab sie dem Portier zur Aufbewahrung übergeben. Ich bin so allein, Almi!«[8]

Alma und Lilly ließen sich das Frühstück üblicherweise in ihre Suite servieren, gerade heute, als dieser Brief kam, wollte Alma unten auf der Terrasse frühstücken. »Jetzt haben diese Lumpen ihn wieder in ihrer Hand!« schimpfte sie laut. »Seine Freunde sind doch nichts als ein Haufen zynischer alter Männer, die auf Oskars Kosten ihre Späße treiben.« Alma schimpfte und zeterte so laut, daß bald alle anwesenden Frühstücksgäste Bescheid wußten, wer diese zynischen alten Männer waren: der magenkranke Syphilitiker Adolf Loos, der nymphomanische Alkoholiker Peter Altenberg und, als dritter im Bunde, Karl Kraus, der ja inzwischen auch im Ausland als der größte lebende Frauenhasser bekannt sei. Alma fand es typisch, daß Kraus, dieser Schnüffler, der keinen größeren Spaß kannte, als andere Leute bloßzustellen – seine Zeitschrift mußte er selbst finanzieren, kein anständiger Zeitungsherausgeber hätte seine Pamphlete abgedruckt –, daß so einer Oskar mit einer Schlange quälte! »Ich fahre sofort zurück nach Wien!«

Lilly hielt das für keine gute Idee. »Willst du einen weiteren Nervenzusammenbruch riskieren?« Sie bestellte für ihre Freundin ein Glas Genever, der würde sie wieder beruhigen.

Das Portrait von Alma war noch immer nicht fertig. Oskar fand, daß er ihr Lächeln mindestens so geheimnisvoll hinbekommen hatte wie Leonardo da Vinci, aber solange Alma nicht wieder bei ihm war, fand er keine Kraft, das Portrait fertigzustellen.

Er wollte sich ein wenig um die kleine Gucki kümmern. Er fühlte Mitleid mit dem Mädchen, auch sie war verlassen worden. Gucki durfte den Nachmittag manchmal in Oskars Atelier verbringen. Sie beobachtete Oskar beim Aufspannen der Leinwand. Höchst interessant fand sie, was Oskar alles in seinen Töpfen und Gläsern zusammenmischte, wenn er die Grundierung vorbereitete. Sie durfte den Leim am Ofen erwärmen, und wenn Oskar den Kreidegrund mischte, verrührte sie das Kreidepulver mit dem Leimwasser, gab Ei und Milch dazu und knetete alles mit ihren Kinderhänden zu einem Teig. Wenn Oskar dann den Kreidegrund auf die Leinwand aufspachtelte, ließ er immer ein bißchen von dem weißen Teig für Gucki übrig. Sie formte kleine Figuren daraus, menschliche Körper. Kleine Schwester nannte sie diese Puppen. Sie dachte dabei wohl an Maria, die gestorben war, als sie selber drei Jahre alt war, der plötzliche Tod ihrer Schwester hatte sie wahrscheinlich mehr aus der Bahn geworfen als später das Sterben ihres Vaters.

Nach drei Wochen Kuraufenthalt war Alma wieder völlig genesen. Sie wollte Scheveningen so schnell wie möglich verlassen. Der tägliche Anblick von rekonvaleszenten Kurgästen tat ihr nicht gut, fand sie. Immer schon hatte sie Menschen gemieden, die schwach waren, sie fühlte sich körperlich von ihnen bedroht. Sie glaubte an die Kraft und die Lebensenergie, die in jedem Menschen steckte. Bei Kindern sei diese Energie besonders stark ausgebildet, sagte sie immer, darum sei es ein Unsinn, sie zu sehr zu bemuttern. Als vor vielen Jahren ihre Tochter Maria an der Diphterie im Sterben lag – der Arzt hatte den Luftröhrenschnitt vorgenommen, aber es war vergebens –, ging sie vom Sterbebett weg. Sie wollte ihr Kind als starken Menschen in Erinnerung behalten.

»Ich darf die Gucki nicht so lange alleine lassen!« Eine plötzliche Sehnsucht nach ihrem einzigen Kind überfiel Alma. Sie war für das Dinner fertig angezogen, stand am Fenster und wartete, bis Lilly endlich soweit sein würde. Die stand noch immer vor dem Spiegel, sie brauchte unendlich lange, um den passenden Schmuck zu wählen. Alma war in dieser Hinsicht nachlässiger. Sie hatte keine große Garderobe mitgenommen und auch keinen Schmuck.

»Sie ist doch nicht alleine«, meinte Lilly, »sie hat Maud, und deine Mutter kümmert sich auch um sie. Ich bin sicher, du fehlst ihr nicht.« Lilly befürchtete, Alma könnte die Sorge um ihr Kind als Vorwand benützen, um zu Oskar zurückzukehren.

»Ich bin eine schlechte Mutter!« Alma drückte ihre Stirn gegen die Fensterscheibe und starrte auf den leeren Strand. Die Farbe des Sandes war nicht mehr golden wie tagsüber, am Abend verwandelte er sich in ein totes, nasses Grau. Die verlassenen Strandkörbe standen in traurigen Häufchen zusammen. Lilly trat nahe hinter Alma. Sie konnten die Wärme ihrer Körper spüren, ohne daß sie sich berühren mußten. Alma lehnte ihren Kopf zurück, sie ließ es zu, daß Lilly ihr über das Haar strich.

»Wenn du willst, kannst du die Gucki ja hierher kommen lassen«, flüsterte Lilly, »ich will ja nur, daß du glücklich bist.« Sie schlang ihre dünnen Arme um Almas Körper und drückte ihn sanft an sich. Alma spürte die Unruhe, die Lilly erfaßt hatte. Mit einem Ruck befreite sie sich aus der Umarmung.

»Ich finde Badeorte wie Scheveningen fürchterlich langweilig. Aus eigenem Entschluß wäre ich nie hierher gefahren. Ich fahre viel lieber in die Berge. Oder in eine Großstadt.«

Als sie zum Dinner hinuntergingen, sagte Alma: »Ich hoffe, es macht dir nichts aus, Lilly, wenn ich morgen meine Sachen packe und abreise.«

Am 19. Juli, an dem Tag, den Oskar als Trauungstermin festgesetzt hatte, fuhr er nach Döbling in das Rathaus und erklärte, seine Braut sei krank geworden und wäre noch auf Kur. Der Standesbeamte wollte eine ungefähre Zeitangabe hören, wann die Trauung stattfinden werde. »Bestimmt bald«, sagte Oskar.

Kurz darauf kam ein Brief von Alma, der nur an Gucki adressiert war. Alma konnte sich nie kindgerecht ausdrücken, das war jedenfalls Oskars Meinung, und daher übersetzte er immer Almas Sprache in die des Kindes, wenn er vorlas.

»Dann werden wir eine Familie sein so wie früher. Mit Mama und Papa.« Oskar seufzte erleichtert. Er legte seinen Arm um Gucki und drückte sie fester an sich. »Wenn im Herbst die Schule wieder beginnt«, las er weiter, »werde ich dich hierher holen.« – Oskar stockte und las den Satz noch einmal. Er suchte nach dem Briefkuvert, entzifferte den Poststempel. Der Brief war in Berlin aufgegeben worden.

»Darf ich meine Schildkröte auch mitnehmen?« hörte er Gucki fragen.

»Wieso ist sie in Berlin und nicht in dem Kurort am Meer?« Gucki wußte darauf keine Antwort.

Als Maud am Abend kam, um das Kind abzuholen, versuchte Oskar von ihr mehr zu erfahren.

»Vielleicht ist sie bei Herrn Gropius«, meinte Maud kurz angebunden, sie interessierte sich mehr für den Schmutz an Guckis Händen. Sie rieb und schrubbte die kleinen Finger mit einem nassen Lappen, so daß die Haut schon ganz rot war.

»Wer ist Herr Gropius?« fragte Oskar.

Guckis Hände waren halbwegs sauber. Maud nahm das Kind und stieg mit ihm vorsichtig die Stufen in den Fabrikshof hinunter.

»Wer ist dieser Herr Gropius?« rief Oskar hinterher.

Maud drehte sich nicht einmal um. Sie wußte ja selbst nie so genau, wer die Männer waren, die die gnädige Frau im roten Salon empfing. Wenn sie ab und zu ohne anzuklopfen in den Salon trat, kam es schon vor, daß sie die Gnädige und ihren Besucher in einer engen Umarmung überraschte. Aber Maud war Engländerin, daher würde sie sich nie über das, was sie im Hause Mahler sah und hörte, vor anderen entrüsten. Gustav Mahler war ein alter, kranker Mann gewesen. »Mein krankes, herrliches Kind«, hatte die Gnädige ihn genannt, wenn sie von ihm sprach. »Er wird sterben, wenn ich ihn wegen eines anderen verlasse!« Sie verließ ihn nicht, sie blieb bei ihm. Ihren jungen Liebhaber traf sie nur heimlich. Durch einen dummen Brief, den der verliebte Architekt irrtümlich an Gustav Mahler anstatt an Alma Mahler adressiert hatte, erfuhr der alte Mann davon, daß seine junge Frau einen Geliebten hatte. Es war aber nicht ihre Schuld, daß Mahler ein halbes Jahr später starb! Das waren die Streptokokken in seinem Blut.

Einen Brief von Walter Gropius bewahrte Alma stets bei ihren persönlichen Dingen auf, als wäre er ein Amulett. Darin schrieb er: »Eine letzte Hoffnung pflege ich noch in meinem tiefsten Inneren, daß Du mich noch lieben wirst, wenn G. einmal nicht mehr ist, und daß auch dann für uns noch die Zeit eines fernen Glücks kommen kann. So gehe ich nicht ganz bettelarm und mit ganz leeren Händen fort. Ich weiß, daß ich noch einige Zeit lang nach Dir hungern muß, ich werde immer zur Stelle sein, wo und wann Du mich brauchst.«[9]

Für Alma war dieser Zeitpunkt gekommen. Sie suchte nach einem sicheren Platz für ihr weiteres Leben. Sie war nach Berlin gefahren, um sich zu vergewissern, ob dieser Platz dort noch zu finden sei.

Walters Haus im Berliner Stadtteil Neu-Babelsberg vermittelte Klarheit, die Einrichtung war sehr schlicht und fast ein bißchen kalt. Hier herrschte Ordnung. Jedes Zimmer hatte seine klar definierte Funktion, auch die Aufgaben des Personals waren streng aufgeteilt. Es wäre unvorstellbar gewesen, daß jemand vom Küchenpersonal als Stubenmädchen einsprang, so wie das in Wien auf der Hohen Warte bei den Molls durchaus üblich war. Auch im Tagesablauf herrschte Ordnung. Langes Schlafen bis in den späten Vormittag hinein wurde in diesem Haus nicht gerne gesehen. Ein Gläschen Benedictine nach dem Frühstück, wie es Alma in Wien gewohnt war, stieß auf Erstaunen. Walter brachte manchmal seine Arbeitskollegen mit, Alma saß dabei und hörte zu, wie sie sich mit schnarrender Stimme gegenseitig Baupläne erklärten. Der Prototyp für ein Arbeiterwohnhaus wurde gebaut. Mit Walters Arbeit verband Alma kaum etwas, seine architektonisch-menschlichen Ziele konnte sie nicht recht nachvollziehen. Trotzdem schien ihr, daß sein beruflicher Aufstieg erst in dem Moment richtig begonnen hatte, als sie in sein Leben getreten war. Das versöhnte sie mit allem sonstigen.

Walter hatte gleich nach Almas überraschender Ankunft einen Bösendorfer im Haus aufstellen lassen. Es tat ihm leid, daß er jetzt nicht so viel Zeit für sie hatte, wie er sich eigentlich wünschte. Alma meinte, es sei schon gut so, denn sie wolle viel am Klavier üben und vielleicht auch etwas komponieren.

Es war ein Tag, an dem sie wieder zu spät aufgestanden war. Sie hatte ihr Frühstück alleine einnehmen müssen, Walter war schon sehr zeitig zu einer Baustelle aufgebrochen. Am späteren Vormittag kam er dann für gewöhnlich mit dem Baumeister in sein neues Büro, das im Westtrakt des Hauses lag. Alma konnte nach dem Frühstück unbehelligt ihren Benedictine trinken. Plötzlich verspürte sie große Lust, wieder einmal Wagner zu spielen. Sie sang die Liebesarie aus Tristan, und Tränen stiegen ihr in die Augen. Beim Mittagessen wurde sie von Walter gebeten, ihre Klavierübungen nicht gerade dann zu absolvieren, wenn er seine Arbeitsbesprechung abhielt. Er spürte sofort, daß er sie verletzt hatte. Um sie wieder zu versöhnen, bot er ihr an, mit ihr am Wochenende ein

Konzert zu besuchen. Richard Strauss würde dirigieren, sicherlich kenne sie ihn persönlich – da klingelte es an der Haustür, sehr stürmisch.

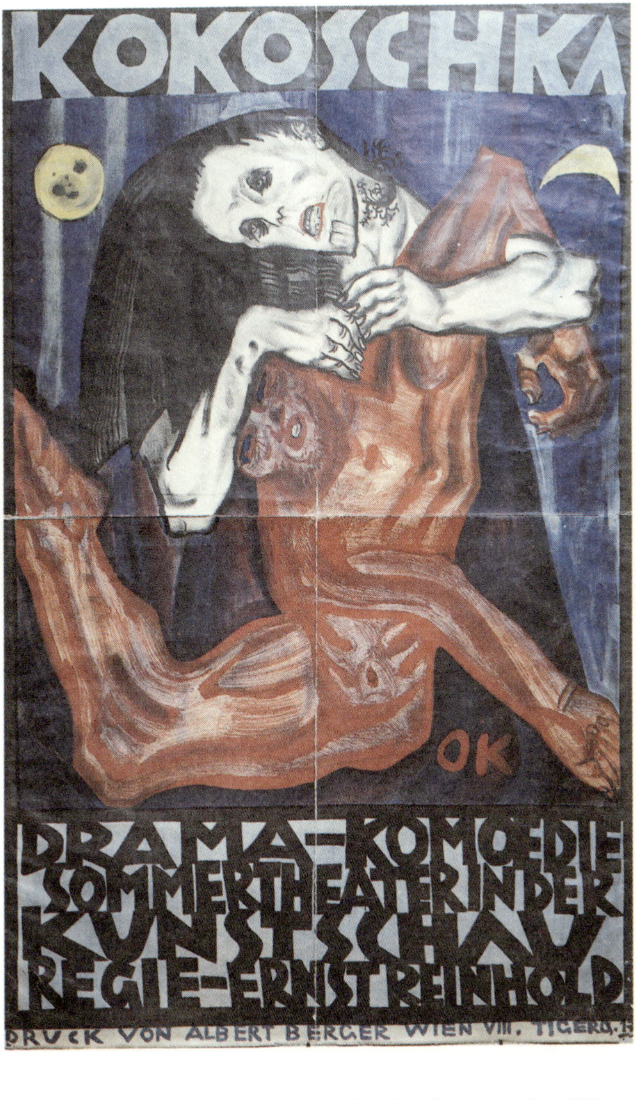

1 Oskar Kokoschka, Pietá – Plakat für die Kunstschau Wien, 1909. (© VBK, Wien, 1999)
Plakat zur Aufführung von Oskar Kokoschkas Theaterstück »Mörder, Hoffnung der Frauen« am 4. Juli 1909.

2 Oskar Kokoschka, Stilleben mit Hammel und Hyazinthe, 1910. (© VBK, Wien, 1999)

3 Alma Mahler, 1909.
Alma Mahler als Gattin des berühmten Dirigenten und Komponisten Gustav Mahler, zu jener Zeit Kapellmeister an der Metropolitan Opera und Leiter der New York Philharmonic Society.

4 Oskar Kokoschka, 1909.
Oskar Kokoschka ist auf diesem Photo 23 Jahre alt. »Da ich mich wie ein Verbrecher behandelt sah, ließ ich mir den Kopf kahlscheren und wollte als Gezeichneter angesehen werden.« (Oskar Kokoschka: Mein Leben, S. 64 f.)

5 Oskar Kokoschka, Adolf Loos, 1910.
(© VBK, Wien, 1999)
Der für das 20. Jahrhundert richtungsweisende Architekt war zeit seines Lebens Förderer und väterlicher Freund von Oskar Kokoschka.

6 Oskar Kokoschka, Egon Friedell, Peter Altenberg und Adolf Loos am Semmering, 1912.
Altenberg befand sich Ostern 1912 am Semmering zur Erholung. Hier wurde er am 11. März von Loos und Kokoschka besucht.

7 Adolf Loos und Peter Altenberg, 1918.
Der Architekt und der Literat gehörten zum engeren Freundeskreis von Oskar Kokoschka.

8 Alma Mahler, 1910.
Ein Jahr vor dem Tod ihres Gatten Gustav Mahler.

9 Oskar Kokoschka, Alma Mahler, 1912.
(© VBK, Wien, 1999)
Eine der ersten Zeichnungen, die Oskar Kokoschka von Alma Mahler angefertigt hat.

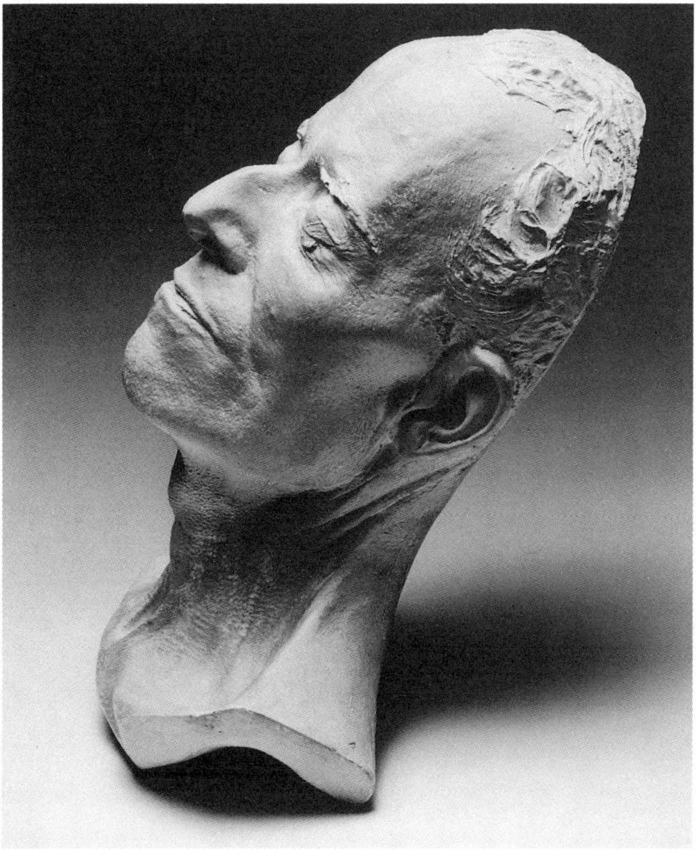

10 Carl Moll, Totenmaske Gustav Mahler, 1911.
Gustav Mahler verstarb am 18. Mai 1911.

11 Oskar Kokoschka, Alma Mahler und Oskar Kokoschka, 1913.
(© VBK, Wien, 1999)

12 Titelseite des Notenheftes: Alma Maria Schindler-Mahler, Sämtliche Lieder; nach einer Bleistiftzeichnung Oskar Kokoschkas von 1914. (© VBK, Wien, 1999)
Dieser posthum erschienene Band vereinigt alle 14 Kompositionen von Alma Mahler.

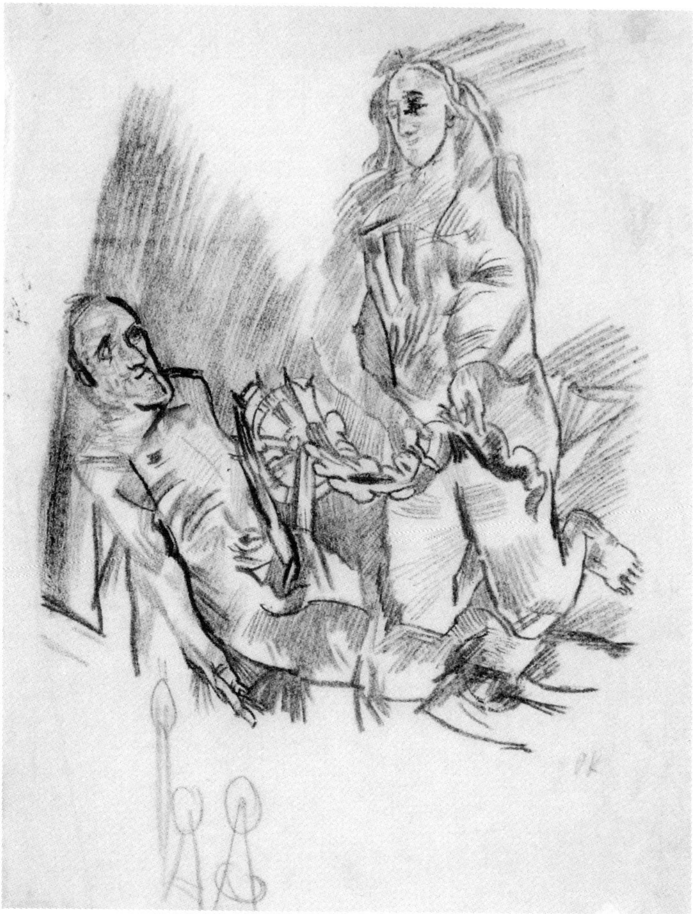

13 Oskar Kokoschka, Am Spinnrad.
(Illustration zu Karl Kraus, »Die Chinesische Mauer«), 1913.
(© VBK, Wien, 1999)

14 Oskar Kokoschka, Mann mit Weib
und Schlange, 1914. (© VBK, Wien, 1999)
Das Bild ist eine Studie zur Lithographienmappe
»Allos Makar«, ein Anagramm aus »Oskar« und »Alma«
(griech. »Der andere ist Glück« oder »Glück ist anders«).

15 Postkarte von Oskar Kokoschka in Dragoneruniform, 1915. Oskar Kokoschka meldete sich Ende 1914 zum Kriegsdienst, mit Hilfe von Adolf Loos kommt er zum k. k. Regiment Nr. 15.

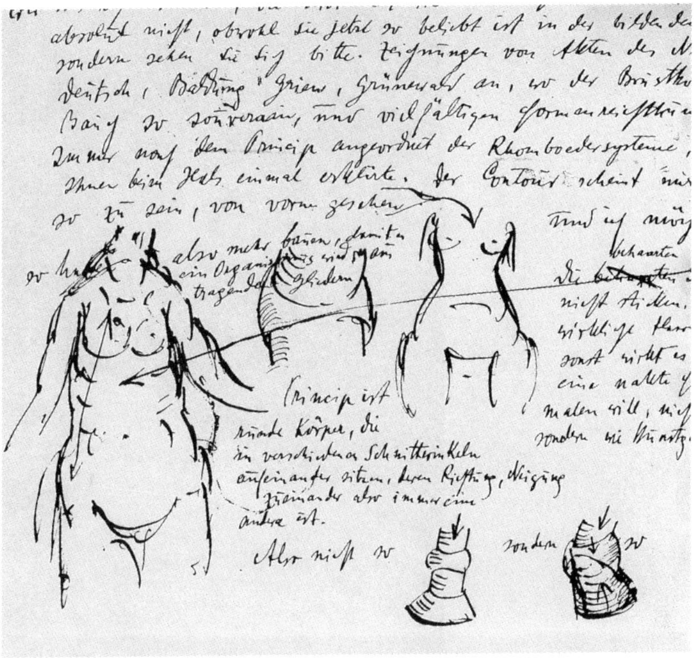

absolut nicht, obwohl sie jetzt so beliebt ist in der bildenden
sondern sehen Sie sich bitte Zeichnungen von Akten der
deutschen, Baldung Grien, Grünewald an, wo der Brustkorb
Bauch so souverain, und vielfältigen Formenreichtum
Immer noch dem Princip angeordnet der Rhomboedersysteme,
ihnen beim Hals einmal erklärte. Der Contour scheint mir
so zu sein, von vorne gesehen
also mehr bauen, damit ein Organismus wird aus tragenden Gliedern
Princip ist runde Körper, die in verschiedenen Schnittwinkeln aufeinander sitzen, deren Richtung, Neigung zueinander aber immer eine andere ist.
Also nicht so
sondern so
nicht Stiften, wirkliche Haare, sonst wirkt es eine nackte
malen will, nicht sondern wie Kunstgew.

16 Ausschnitt eines Briefes von Oskar Kokoschka
an Hermine Moos vom 10.12.1918.
(© VBK, Wien, 1999)
Oskar Kokoschka bestellte bei der Münchner
Puppenmacherin eine lebensgetreue Nachbildung Almas.

17 Puppe, die Hermine Moos im Auftrag von Oskar Kokoschka anfertigte, April 1919.

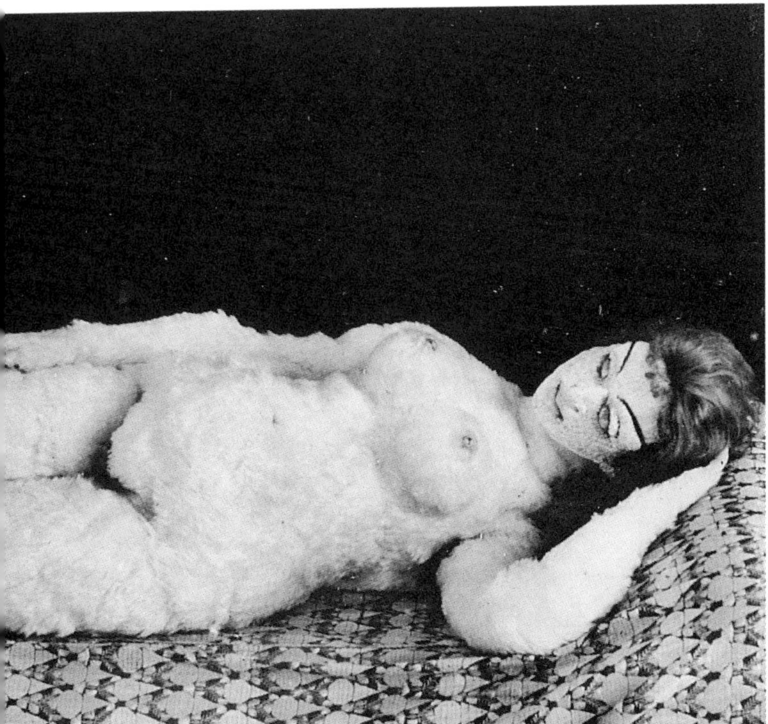

18 Oskar Kokoschka, Liebespaar, 1918/19.
(© VBK, Wien, 1999)
Als Modell für diese Zeichnung diente Oskar Kokoschka die lebensgroße Alma-Puppe.

19 Oskar Kokoschka, Die Windsbraut, 1913.
(© VBK, Wien, 1999)

20 Oskar Kokoschka, Siebenter Fächer für Alma Mahler, 1915.
(© VBK, Wien, 1999)
Kokoschka bemalte mehrere Fächer für Alma Mahler.
Der hier abgebildete gibt die Kriegs- und Elendsvisionen
des Künstlers wieder.

Das Dienstmädchen bat um Verzeihung, die Herrschaften waren ja noch beim Essen, aber draußen vor der Tür stehe ein Mann, der nach Frau Alma frage. Das Mädchen wirkte völlig verstört, so sehr hatte ihr der Besucher Angst gemacht, weil er so groß war und sein Anzug zerknittert und sein Gesicht unrasiert. Auch sein fremder Akzent war ihr nicht geheuer.

Oskar wollte nicht lange warten, bis dieses verschreckte Mädchen ihn endlich gemeldet hätte. Mit einem Mal stand er mitten im Zimmer – und sah, wie seine Frau mit einem wildfremden Mann bei Tisch saß.

Während der langen Bahnfahrt von Wien nach Berlin war Oskar in Gedanken alle Möglichkeiten durchgegangen, wie er Alma in dem fremden Haus antreffen würde. Er wollte gewappnet sein. Er hatte sie vor sich gesehen, wie sie stolz und aufrecht stand, das Haar gebändigt, die Schultern breit und das Kinn erhoben wie ein Soldat, wie ein kleiner, napoleonischer Soldat. Er hatte sie aber auch in plüschigen Sofas lehnen gesehen, mit gespreizten Beinen und geöffnetem Schoß, er sah sie umringt von geilen Bewunderern, er sah Lurche und Schlangen, die um ihre Füße krochen, er sah betrunkene Männer, die an ihren Fesseln leckten, er sah, wie seine Himmelsgöttin sich über all dieses Getier und Gekreuch erhob. Aber nie war sie in seiner Vorstellung so gemein und gewöhnlich an einem Mittagstisch gesessen, mit einem ganz gewöhnlichen Mann, der eine Hausjacke trug und der gerade dabei war, einen dieser norddeutschen Klöpse auf seine Gabel zu spießen. All die Lurche und Drachen waren nichts gegenüber der Gefahr, die von einer biederen Hausjacke ausging.

»Was ist denn?« hörte Oskar sie sagen, »warum schaust du so, Walter?« Der Name klang obszön aus ihrem Mund.

Endlich drehte sie sich zu ihm um. Sie erschrak, als sie ihn erkannte. »Oskar, du?«

»Komm!« sagte Oskar. Während seiner Fahrt nach Berlin hatte er sich genau zurechtgelegt, wie er mit ihr reden wollte, jedes Wort, jedes Argument hatte er im vorhinein durchgesprochen und sorgfältig abgewogen. Aber jetzt sagte er bloß das Wesentlichste: »Komm!«

Von diesem Moment an lief alles weitere, wie so etwas wahrscheinlich ablaufen muß. Walter Gropius befahl dem Eindringling mit scharfer Stimme, auf der Stelle sein Haus zu verlassen, andernfalls müsse er die Polizei rufen. Oskar erwiderte, Alma sei seine Frau, und sie müsse jetzt sofort mit ihm kommen. Alma versuchte einmal den einen, dann den anderen zu beruhigen.

Die Auseinandersetzung verlagerte sich in das neue Architektenbüro, einen in schlichter Sachlichkeit gehaltenen Raum mit Stühlen aus Metall und Leder, einem Mahagonischreibtisch und einem Webteppich in abstraktem Design, so wie es Oskar haßte. In der Schreibtischlade verwahrte Walter eine Waffe. Sie stammte aus dem einstigen Besitz von Walther Gropius senior, der im Jahre 1870 im preußisch-österreichischen Krieg auf der Siegerseite gekämpft hatte. Zum Schutz gegen Einbrecher lag sie dort, stets geladen. Als nun Walter Gropius, der sonst so besonnene Nachfahre einer preußischen Baumeisterfamilie, den entsicherten Revolver gegen Oskar richtete und dieser bereits Jacke, Weste und Hemd mit einer großspurigen Geste aufgerissen hatte, die nackte Brust darbot und rief: »Erschießen Sie mich doch! Bitte, ich habe nichts dagegen! Los! Schießen Sie! Feigling!« – und als sich Alma mutig zwischen die Männer gestellt hatte und nach Walters ausgestrecktem Arm griff – da löste sich wirklich ein Schuß.

Die Kugel zersplitterte den Rollbalken von Walters Büroschrank – es war ein Prototyp –, zerfetzte einige Pläne und blieb dann irgendwo in der Mauer stecken.

Alma war die erste, die Worte fand. »Ihr Idioten!« rief sie. »Willst du ihn erschießen?« herrschte sie Walter an, und zu Oskar: »Willst du erschossen werden?«

Walter legte den Revolver auf seinen Schreibtisch. Er zitterte am ganzen Körper. »Lassen Sie Alma selbst entscheiden«, sagte er schließlich, und Oskar blickte Alma böse an und sagte laut: »Entscheide dich!«

Alma überlegte. Dann drehte sie sich um und ging hinaus. Man hörte noch einige Türen schlagen. Es wurde still. Lange Minuten absoluter Ruhe folgten. Die Männer standen bewegungslos da. Jede Bewegung hätte ein Geräusch verursacht. Je länger die Stille dauerte, um so schwieriger wurde es, sie zu durchbrechen. Walter starrte auf den Teppich, die wirre Anordnung von Linien und geometrischen Formen spiegelte den Zustand in seinem Inneren wider. Oskar betrachtete den zersplitterten Büroschrank. Der Gedanke, daß sein Körper jetzt so zerfetzt wie dieses Möbelstück sein könnte, war ihm weniger schrecklich als die Vorstellung, Alma würde zurückkommen und sagen, sie wolle bei diesem schießwütigen Preußen bleiben. Er griff nach dem Zigarettenetui in der Innentasche seiner Jacke. Er klappte es auf. Das Geräusch war laut. Bevor er eine Zigarette herausnahm, besann er sich und bot dem Rivalen an, sich zu bedienen. Walter Gropius lehnte mit einem vornehmen, knappen Kopfschütteln ab.

Oskar, die Zigarette im Mundwinkel, suchte gerade seine Taschen nach dem Feuerzeug ab, als draußen Almas Schritte zu hören waren. Beide Männer starrten auf die Tür, die sich gleich öffnen würde. Sie warteten auf das entscheidende Wort.

Alma sagte gar nichts. Sie stellte bloß den schweren Koffer zu Boden, den sie den ganzen Flur entlang allein geschleppt hatte. Die Lässigkeit, mit der Oskar jetzt sein Feuerzeug in die Hand nahm, einige Male klickte und seine Zigarette anzündete, war gekonnt. Die brennende Zigarette zwischen den Lippen und ohne sich noch einmal zu Walter Gropius umzudrehen, nahm er den schweren Koffer auf, trug ihn den Flur entlang zur Haustür, die er offenhielt, bis auch Alma endlich draußen war. Dann fiel die Tür ins Schloß.

Sie liefen die ersten hundert Meter, das Haus war außer Sichtweite, dann küßten sie sich, plötzlich und heftig, mit einer Zornigkeit, bis ihre Lippen schmerzten.

»Du hast dir lange Zeit gelassen«, beklagte sich Alma, »ich habe schon gedacht, du hast mich vergessen.«

»Ich? Du hast mich vergessen!«

»Ich habe es versucht. Aber es ist mir nicht gelungen.«

»Ich ertrage das einfach nicht, daß du mit einem fremden Mann bei Tisch sitzt«, sagte Oskar, nahm den schweren Koffer wieder auf und ging mit großen Schritten voran. Sie kam ihm kaum nach.

»Was heißt fremder Mann? Ich bin mit ihm verlobt.«

»Du lügst –«

»Ich lüge nie. Ich habe mich vor zwei Jahren mit ihm verlobt. Da kannte ich dich ja noch nicht.«

Oskar rechnete nach. Im Mai vor einem Jahr war sie Witwe geworden. Das ging sich doch alles nicht aus. Ich hasse sie, dachte er, sie wird mich zugrunde richten, aber ich kann einfach nicht ohne sie leben.

Als sie endlich die Bahnstation Neu-Babelsberg erreichten, war Alma völlig außer Atem. Sie fuhren ein Stück mit der Bahn, dann wechselten sie in eine Tramway. Berlin war ein Netz aus Hochbahnen, Untergrundbahnen und Tramways. Sie wechselten noch einige Male die Linien, bis Alma keinerlei Orientierung mehr hatte. Lärmende, schwitzende Menschen stiegen zu, mit Badetaschen, Rucksäcken und mit kleinen Kindern an der Hand. Die beiden standen inmitten des Gedränges, der Waggon rüttelte unablässig, ein- und aussteigende Passagiere quetschten sich an ihnen vorbei.

»Kennst du dich überhaupt aus?« fragte Alma. »Wohin fahren wir? Hast du überhaupt was zum Wohnen in Berlin?«

Oskar wußte, daß die Mansarde, die er vor zwei Jahren gemeinsam mit einem Freund bewohnt hatte, noch freistand. Es war im Winter gewesen, und sie hatten sich über die Kälte und Dunkelheit in ihrem Untermietzimmer hinweggetröstet, indem sie sich jede Nacht eine weitere Episode aus dem Leben ihrer heranwachsenden Tochter Virginia erzählten. Die Adresse war das einzige schäbige Haus in Berlin-Halensee. Zwischen den sauberen Villenneubauten mit rosengeschmückten Vorgärten nahm sich das Haus wie eine Insel der Armut aus.

Der Schlüssel zur Mansarde lag immer noch hinter dem Fensterladen, so wie vor zwei Jahren, als Oskar hier gelebt hatte. Die Tür klemmte, sie mußte mit einem kräftigen Fußtritt aufgestoßen werden. Das Hellgrün der Tapete war noch etwas heller geworden. Die zwei schmalen Eisenbetten, das karierte Bettzeug – nichts hatte sich verändert. Den Automaten, in den man drei Pfennige einwerfen mußte, um eine Stunde Licht zu haben, gab es auch noch. Das halbwüchsige Mädchen allerdings, das er sich hier in kalten Winternächten erträumt hatte, war erwachsen geworden. Jetzt war er mit einer Frau hier. Mit seiner Frau, die er sich zurückgeholt hatte aus einer Villa in Babelsberg, wo die Reichen residierten.

»Schwöre mir, daß du diesen Mann nie mehr sehen wirst!«

»Ich schwöre es.«

»Schwöre mir, daß du meine Frau bist, daß wir heiraten werden und daß du immer bei mir bleiben wirst.«

Sie sagte zu allem ja. Sie schwor sämtliche Meineide, denn sie wollte ihn jetzt sofort haben. Oskar umarmte sie, ihre Körper erkannten sich wieder. Ihre Körper hatten ihre eigene Sprache. Er löschte alle Spuren, die der andere hinterlassen hatte. Jetzt war sie wieder die seine.

Gegen Abend gingen sie hinunter in die Wohnung, die dem Kunstkritiker Herwarth Walden gehörte. Er war ein magerer, kleiner Berliner Jude, der sein schütteres Haar in der Fasson eines wagnerschen Heldendarstellers trug. Er freute sich, Oskar so unerwartet wiederzutreffen. Auch Alma gegenüber war er sehr höflich. Er versicherte, daß ihm ihr Name seit langem ein Begriff sei und daß er glücklich wäre, sie endlich kennenzulernen. Das tat Alma gut, denn in Walter Gropius' Umgebung, unter den Baumeistern und Technikern, hatte kaum einer mit dem Namen Mahler etwas anzufangen gewußt.

Alma fand den kleinen Mann mit dem schütteren Haar sympathisch. Sie erfuhr, daß er sich laufend von Karl Kraus aus Wien einen größeren Geldbetrag überweisen ließ, um dessen »Fackel« in Berlin zu verbreiten. Das Geld verwendete Walden aber auch, um seine eigene Kunstzeitschrift herauszugeben, den »Sturm«, in dem Oskars Zeichnungen und Theatertexte abgedruckt wurden.

Sie tranken zu dritt eine Flasche Gin auf die Zukunft und auf die Liebe, und Walden staunte über die Trinkfestigkeit Almas. Später kam Waldens Frau, eine Dichterin. Sie trug Pluderhosen und einen Turban und nannte sich Prinz von Theben. Auch für Oskar wußte sie einen Namen, sie nannte ihn einen schweigenden Hindu, erwählt und geweiht. Alma fand das eine treffende Beschreibung für ihren Geliebten. Zu viert zogen sie bis spät in die Nacht von einer Bar zur anderen. Die Stadt war voller Bewegung, rotierender Lichtreklamen, Lautsprecher und schmissiger Rhythmen. Alma fühlte sich wie neu geboren. Vergessen war Neu-Babelsberg. Und wann immer in dieser Nacht die feinnervigen Gesichtszüge des verlassenen Walter Gropius vor Almas innerem Auge auftauchten, spülte sie dieses Bild mit einem Glas Gin oder Whiskey oder Absinth weg.

Als sie endlich erschöpft von der langen Nacht in ihr Mansardenzimmer zurückgefunden hatten, konnten sie durch das Dachfenster bereits in den hellen Morgenhimmel blicken. Die Nächte waren kurz um diese Jahreszeit. In den schrägen Wänden war noch die Hitze des Tages gefangen. Sie ließen sich auf das Eisenbett fallen, wieder wich die Müdigkeit aus ihren Körpern, bis sie endlich einen tiefen Schlaf fanden.

Den nächsten Tag blieben sie im Bett, und am übernächsten Tag begleitete Herwarth Walden die beiden mit dem Taxi zum Bahnhof. Er verabschiedete sich mit einem charmanten Kompliment, mit dem er die Wiener Frauen im allgemeinen und Alma im besonderen pries, dann ließ er die beiden allein. Alma wollte zwei Bahnkarten erster Klasse nach Wien kaufen, aber Oskar drängte sich an das Schalterfenster und rief: »Nein! Nur einmal!«

»Was hast du? Kommst du nicht mit? Dann bleibe ich auch hier!«

»Ich bin nicht reich genug, um in der ersten Klasse zu reisen. Ich fahre in der dritten.« Er blieb dabei.

Dann wolle sie auch in der dritten Klasse fahren, meinte Alma. Sie bestellte zwei Karten für die dritte Klasse.

»Das lasse ich nicht zu! Du bist meine Frau, du mußt bequem fahren.« Sie argumentierten noch eine Zeitlang. Schließlich kaufte Alma eine Fahrkarte erster und eine dritter Klasse.

Die Fahrt ging über München, denn die Bahnstrecke über Prag war wegen Streiks und nationalistischer Unruhen kurzzeitig eingestellt worden. Alma hatte ein Coupé für sich allein. Die Sitze waren aus kühlem Leder. Sie zog die Vorhänge zu und ließ sich von dem sanften Rütteln des Zuges in einen angenehmen Halbschlaf schaukeln. Sie überließ sich der Erinnerung an die Szenen der letzten Tage. Sie war glücklich und müde.

In der nächsten größeren Bahnstation klopfte der Perronschaffner an ihre Coupétüre und übergab ihr einen Brief, der sei von einem Herren aus den Waggons dritter Klasse. Auch in den nächsten Stationen wurden Nachrichten überbracht, Briefchen, die Oskar an seinen kleinen napoleonischen Soldaten, an seine Retterin, an seine Göttin geschrieben hatte, während er auf einer Sitzbank aus nacktem, glattgescheuertem Holz saß, eingepfercht zwischen hustenden alten Männern und weinenden Kindern, eingehüllt in einen warmen Dunst aus Pfeifenrauch und Essensgerüchen. Er schrieb ihr, daß er nicht mehr an die Vergangenheit denken wolle. Er und sie wären Irrwege gegangen und hätten viele Martern durchgemacht. Das sei alles sehr anstrengend gewesen, aber jetzt, wo sie wieder die Seine sei, spüre er genügend Kraft in sich. Er habe sich entschlossen, ihrem zukünftigen Leben eine bleibende Gestaltung zu geben. Er werde sie heiraten. So schrieb er ihr und schloß jeden Brief mit: »Almi, dein Mann grüßt dich.«

Alma beantwortete seine Briefchen. Sie nannte ihn mein großes

Kind, mein wilder Halbgott. Sie schrieb, ich bin deine Frau, wozu brauchen wir diese bürgerlichen Formalitäten?

Weil es keine Hintertür mehr geben dürfe, keine Möglichkeit der Trennung, war seine Antwort. Sie stellte zur Bedingung, daß er der beste Künstler der Welt werden müsse. »Der bin ich! Ich gehe meiner besten Zeit entgegen! Die anderen sehen es nur noch nicht!« – »Zeig es ihnen! Du mußt endlich ein wirkliches Kunstwerk schaffen, ein Meisterwerk!« – »Dann stütze mich mit Deiner Liebe und mit Deinem Glauben, wie es das Weib eines Künstlers tun muß, und ich werde ein Meisterwerk schaffen. Du sollst Dich Deines Mannes nicht schämen müssen.« Er war sehr glücklich.

In München verließen sie den Zug. Alma wußte ein gutes Hotel, das Hotel Regina. Zuerst hieß es, alles sei ausgebucht. Aber der Empfangschef erkannte Alma, und nach kürzester Zeit hatte er für sie und ihren Begleiter eine Suite freigemacht. Oskar überkam plötzlich der unangenehme Gedanke, sie könnte früher mit ihrem Mann in diesem Hotel übernachtet haben. Wenn das so wäre, dann wolle er nämlich nicht –

»Ich schwöre dir bei allen Heiligen, ich habe nie mit Gustav hier gewohnt«, versicherte Alma. Sie hatte allerdings viele Nachmittage mit Walter Gropius in dieser Suite verbracht, während Gustav Mahler bei der Probe war und die legendäre Uraufführung seiner Achten Symphonie vorbereitete. Die Suite gehörte nicht in die teuerste Zimmerkategorie, die Louis-quatorze-Möbel waren Imitationen, aber die Blumenarrangements waren frisch und üppig, und eine Flasche Benedictine stand bereit. Alma mußte plötzlich tief seufzen.

»Was hast du?« fragte Oskar besorgt. »Gefällt es dir hier nicht? Mir auch nicht.« Er schlug vor, wenn ihr dieses Zimmer genauso wenig gefiele wie ihm, dann sollten sie daran etwas verändern.

Sie verschoben die Möbel. Sie zerrten die Matratzen aus den Betten. Sie bauten aus Polstern und Blumen und Teppichen eine verwunschene Insel. Die Badewanne war übergelaufen, so konnten sie durch das Wasser zu ihrer Insel waten. Sie spielten wie Kinder.

»Zufrieden?« fragte Oskar.

»Viel schöner als der Strand in Scheveningen!« rief Alma begeistert.

»Wo hast du die Lieserin gelassen?«

»Die sucht wahrscheinlich überall nach mir und ist ganz unglücklich.«

»Die Lieserin«, lachte Oskar, »weißt du, was wir mit der machen, wenn sie jetzt hereinkommt? Wir fesseln sie und setzen sie dort in die Ecke, und sie muß uns zuschauen, wie wir uns lieben.«

Sie beschlossen, nicht nach Wien zurückzufahren, sondern einfach weiterzureisen. »Nur nicht nach Wien zurück«, hatte Oskar gesagt, »in Wien müssen wir uns immer quälen.« Sie wollten in den Süden fahren, über die Alpen nach Italien.

Sie blieben einige Tage in Florenz, sie gingen in die Uffizien, und Oskar sah die großen Meister der Renaissance, die auch seine Meister waren. Hier hingen die Gemälde von Tintoretto und von Tizian, dem größten aller Meister, der das Geheimnis kannte, wie man ein Bild zum Leuchten brachte. In der Galeria Palatina entdeckte er ein relativ kleines Gemälde von Tizian. Er bemerkte es nicht sogleich, da es in einer Nische neben einer Tür hing. Es war eine Maria Magdalena, deren hüftlanges blondes Haar wie Wasserkämme ihren Körper hinablief. Die Augen hatte die Sünderin zum Himmel gewandt. Aber da war keine Reue in ihrem Blick. Die denkt an ihre Liebhaber, die betrunken vor ihrer Tür liegen. Die lockt und verführt selbst Gottvater, dachte Oskar.

O – komme zu mir in der Nacht
Daß du mir sollst zürnen – bitte ich dich,
weil bei mir ein Fremder mit im Bette liegt.
Wär's besser nicht zu sein, als schlecht zu sein?

Wenn Schlechtsein schon den Anschein, Wirklichsein,
erregt?
So lieb ich dich, wie du mich haßt.
So bin ich doch, wie du mich hast.[10]

Oskar schrieb hin und wieder solche Texte. Er wollte wieder an einem Theaterstück arbeiten. »Du wirst uns beide in dem Stück wiedererkennen«, sagte er zu Alma, »es wird ein Meisterwerk werden, wenn auch nur ein kleines.« Das Stück handle von zwei Liebenden, die an ihrer Liebe verbrennen. Alma erschrak: »Müssen sie sterben?« Der Mann schon, sagte Oskar. Und die Frau? Sie könnte wahnsinnig werden, überlegte er. Sie müßte dann umherirren und ihn suchen, ihr Leben lang. Das sei ja eine Tragödie, fand Alma.

In Neapel aß Oskar die ersten frischen Feigen seines Lebens. Er trank schweren, roten Wein und sah zum ersten Mal das Meer. Alma kaufte für ihn Aquarellfarben, und er malte helle, fröhliche Bilder. Er malte die Schiffe und die glücklichen Menschen des Südens. Während Alma, erschöpft von den gemeinsamen Nächten, auf dem Balkon des Hotels im Liegestuhl lag und sich ausruhte, streifte Oskar durch die Stadt und sog neue Bilder in sich auf.

Die letzen Tage im September, wenn der Sommer allmählich stirbt und die Sonne ihre letzte Kraft aufbietet, um die Nachmittage in Gold zu färben und den Morgen in ein kühles Blau, waren für Oskar, der den Geheimnissen des Lichtes ständig auf der Spur war, stets die kostbarsten. In einem hoch gelegenen Kurort im Schweizer Kanton Bern, in Mürren, wartete Gucki auf ihre Mutter. Alma hatte telegraphiert, Maud solle mit dem Kind hierher reisen. So würde endlich das Versprechen eingelöst, wieder in einer Familie zu leben. Mürren war ein Fünfhundertseelendorf, die Einheimischen waren kleine, gedrungene Menschen mit roten, feisten Gesichtern und hellen Haaren, sie sprachen ein Deutsch, das beim besten Willen nicht zu verstehen war. Die Kurgäste, die sich am Nachmittag bei den neu angelegten Tennisplätzen trafen, unterhielten sich auf englisch oder französisch. Alma und Oskar hatten sich im Grandhotel eingemietet. Abends, nach dem Dinner, saßen sie mit Gucki und Maud zusammen und spielten Domino. Alle hielten sie für eine glückliche Familie.

Oskar durchstreifte die kleinen Wälder und die Wiesen am Dorfrand. Gucki durfte ihn begleiten, ausgerüstet mit Zeichenblock und Stiften. Auf den Bergweiden tollten die jungen Pferde. Oskar saß auf seinem Malerschemel und arbeitete, die Tiere liefen zu ihm und bohrten zutraulich ihre warmen, feuchten Nüstern in seine Hand. Alma und Maud breiteten eine Picknickdecke aus, sie füllten Milch in die Gläser und Wein, und sie schnitten das Brot. So sollte es sein. So war es. So hatte Oskar sich das vorgestellt. Und er stellte sich auch noch ein zweites kleines Kind vor, einen kleinen Jungen, der so aussah wie er. Sein Kind.

Eines Tages, es war der Tag vor ihrer Rückreise nach Wien – Maud hatte schon die Koffer gepackt, nun saß sie am Fenster des Hotelzimmers und war eingenickt, sie trug einen ihrer schrecklichen englischen Hüte –, da griff Alma nach ihrem Skizzenblock und zeichnete die schlafende Maud.

»Du sollst nicht so häßliche Weiber zeichnen«, hörte sie Oskar leise sagen, der soeben eingetreten war. »Da ist doch schade um deine schönen Handerl«, fuhr er fort und lachte.

»Genierst du dich für mich?« fragte Alma. »Soll ich nicht zeichnen?« Ihre Stimme klang ganz seltsam. Gleich wird sie weinen oder schreien, dachte Oskar. Irgend etwas hatte er falsch gemacht.

»Du mißverstehst mich. Ich geniere mich doch nicht für dich. Du bist der eigentliche Künstler von uns beiden. Ich muß arbeiten, damit ich deiner würdig bin. Du bist ein Künstler, Alma, weil du mich zum Arbeiten bringst. Ich will nur sagen, daß du das nicht nötig hast, solche häßlichen Weiber wie die Maud zu zeichnen.«

Alma blickte starr vor sich hin.

»Schau«, begann Oskar wieder, »ich kann ja keinen Strich

zeichnen ohne dich. Ich sehe alles aus dir, mit deinen Augen schau ich, Liebes. Von uns beiden bist du der Künstler.«

»Ein zeichnendes Ehepaar – du findest so etwas lächerlich, nicht wahr?« Ihre Stimme überschlug sich beinahe, Oskar verstand gar nicht, warum sie sich wegen einer dummen kleinen Zeichnung so aufregte. »Ist es nicht so?«

Sie zerknüllte das Blatt und schmiß es Oskar ins Gesicht. Jetzt war der Damm gebrochen, sie schleuderte alles, was sie in die Hände bekam, nach ihm, die sorgsam zusammengelegte Wäsche, die Schuhe, die Bücher, alles wurde als Geschoß verwendet. Und dabei schrie sie ihn an, für wen er sich eigentlich halte und daß er sie nicht zu seiner Sklavin machen könne.

»Darf ich nicht mehr zeichnen? Ist das deine Bedingung, damit du mich heiratest?«

»Almi! Beruhige dich doch!« Lachend duckte sich Oskar vor ihren Geschoßen. Diese Aufregung konnte er nicht ernst nehmen.

»Ich stelle die Bedingungen, hörst du? Diesmal stelle ich die Bedingungen!« Alma war völlig aufgebracht.

Die arme Maud, die unsanft aus dem Schlaf gerissen worden war, saß mit offenem Mund da und wartete das Ende dieses Sturmes ab. Dann erhob sie sich und ging still und gebückt im Zimmer umher, um die Wäsche wieder einzusammeln. Sie packte ein zweites Mal.

Alma kauerte auf dem Boden und weinte leise vor sich hin. Ihren unter Schluchzen hervorgestammelten Worten konnte Oskar entnehmen, daß damals, bevor sie ihre Musik aufgeben mußte, alle darüber gesprochen hätten, wie begabt sie wäre. Sogar in der Zeitung konnte man es lesen. Als nämlich von ihrer Verlobung mit Gustav Mahler berichtet wurde, hieß es, das bildschöne, gescheite und musikalisch hochbegabte Fräulein Schindler hat sich mit dem Hofoperndirektor verlobt. Aber der hatte ihr verboten, weiterhin zu komponieren! Das war seine Bedingung für die Heirat gewesen. Dabei hat er sich ihre Kompositionen nicht einmal angeschaut! »Erst als Walter Gropius auf einmal dastand und sagte, lassen Sie sich scheiden, Herr Mahler, damit ich Ihre Frau heiraten kann, erst dann hat er meine Arbeiten angeschaut, hat sich an den Flügel gesetzt und meine Noten gespielt und gesagt, gut ist das, sogar sehr gut, ich habe gar nicht gewußt, was für eine Künstlerin du bist!« Sie weinte. Oskar strich ihr das feuchte Haar aus der Stirn und wiegte sie wie ein Kind.

»Sei ruhig, sei ganz ruhig. Du mußt schlafen. Du mußt die letzten zehn Jahre einfach wegschlafen. Ich bin bei dir. Du hast mich immer gesucht, du hast eigentlich immer nur mich gesucht.« Es war gut, wie er mit ihr redete. Er wiegte sie, und sie wurde ruhig.

Am nächsten Morgen reisten sie zurück nach Wien. Für Gucki begann die Schule, und auf Alma warteten wichtige Aufgaben. Zwei Konzerte standen in Wien bevor, Mahlers Achte Symphonie und die Kindertotenlieder. Auf einmal begannen sich die Wiener für Mahlers Musik zu interessieren. Jetzt, wo er tot war, konnte mit der Verehrung begonnen werden. Jetzt wurde er endgültig zum Genie erklärt. Alma organisierte und plante und betreute die Aufführungen. Ihr Salon in der Elisabethstraße wurde zum Treffpunkt der wachsenden Mahlergemeinde: der Rote Salon. Von hier aus spann sie die Fäden in der Musikszene. Sie verschaffte Hans Pfitzner eine Professur an der Musikakademie. Arnold Schönberg konnte sie ein öffentliches Konzert ermöglichen. Die Kosten für Saal und Orchester übernahm Lilly Lieser, somit spielte plötzlich auch sie eine Rolle im Kunstleben. Wer immer in Wien auf dem Musiksektor etwas erreichen wollte, kam an Alma nicht mehr vorbei.

Oskar hatte mit Alma die Vereinbarung getroffen, daß sie tagsüber ihren Geschäften nachgehen könne, nachts aber mußte sie bei ihm sein. Nachts brauchte er ihre körperliche Nähe, um wieder Kraft für seine Arbeit zu tanken. Er mußte ja ein Meisterwerk schaffen.

Zuerst einmal schrieb er sein Theaterstück fertig. Er nannte es »Der Brennende Dornbusch«. Es gab eine Bühne in Wien, die das

Stück spielen wollte, eine richtige Bühne mit professionellen Schauspielern. In der k. k. Statthalterei wurde Oskars Theaterstück zuerst dem Vorzensor vorgelegt, der bereits die vielen, aus reiner Geschlechtsgier, wie er es ausdrückte, hervorgegangenen Textstellen zu beanstanden hatte. Der Hauptzensor befand schließlich, daß die Geilheiten der Regieanweisungen die vom Gesetz gezogenen Schranken eindeutig überschritten. Oskars Theaterstück wurde zur Aufführung nicht zugelassen.

Mahlers Symphonien hingegen wurden mittlerweile in allen europäischen Hauptstädten gespielt. Das Publikum liebte seine Musik mehr und mehr, und Alma mußte zu den vielen Aufführungen reisen und wurde überall als Ehrengast gefeiert. Die Kritiken feierten Mahler wie nie zuvor. In Oskar wuchs die Eifersucht, er haßte den kleinen, toten Mann, und dieser Haß gab ihm Kraft, um weiterzuarbeiten. Er mußte ihn besiegen. Er kämpfte mit einem Toten um Alma.

Zu Weihnachten war endlich Almas Portrait fertig. Als das Meisterwerk, das sie sich vor einer Heirat ausbedungen hatte, ließ sie das Bild allerdings noch nicht gelten. Dafür war es, schlicht gesagt, zu klein. Nicht, daß sie es nicht gut genug gefunden hätte, nein, sie liebte das Bild. Es bekam einen Ehrenplatz im Roten Salon, gleich neben der Totenmaske Gustav Mahlers. Und wenn auch so mancher von Almas Besuchern empört war und sagte: »Welcher Mörder hat denn das gemalt? Das soll dein Gesicht sein, Alma?«, so verteidigte sie das Bild und verwies auf die Ähnlichkeit mit Werken der alten italienischen Meister. »Sehe ich nicht aus wie eine Lukretia von Tizian?« sagte sie. Sie lobte den Künstler, sprach von dem ungemein begabten Kokoschka, dem man einfach mehr Zeit und Zuwendung geben müsse, dann würde auch aus ihm ein Genie werden.

Zu Oskar sagte sie, er könne ruhig etwas mehr arbeiten. Und schneller. Gustav Mahler habe für eine Symphonie nicht länger als einen Sommer gebraucht.

»Um ihn hast du dich aber mehr gekümmert«, war Oskars Antwort.

»Du wirst doch nicht auf einen Toten eifersüchtig sein!«

»Du kümmerst dich auch jetzt mehr um ihn als um mich!«

»Ich kümmere mich um die Aufführungen. Das bringt Einnahmen, die auch dir zugute kommen.«

»Ich verdiene mit meiner Arbeit genug. Ich brauche kein Geld von dir.«

Das war gelogen, aus Trotz und aus gekränktem Stolz, denn Oskar war nicht nur arm, er war auch nicht geschäftstüchtig. Immer noch war er bemüht, auf irgendeine Weise die zehntausend Kronen für die Aussteuer der Schwester aufzutreiben, aber seine Taktiken waren nicht besonders zielführend. Wenn sich einmal mehrere Interessenten für ein Bild fanden, dann konnte es vorkommen, daß er ein und dasselbe Bild gleich mehrmals verkaufte, denn er war der Ansicht, daß sein geistiges Eigentum niemals mit Geld aufzuwiegen sei. Am Ende mußte er das Geld wieder zurückgeben, und er verschenkte das Bild an einen Freund.

»Du mußt dich um mich genauso kümmern wie um deinen toten Mann«, verlangte er.

Alma tat es. Sie ließ sich seine Korrespondenz zeigen. Sie saß stundenlang über Briefen und Rechnungen. »Meine kleine Alma mit dem großen Wirtschaftsbuch«, nannte er sie. Sie versuchte herauszubekommen, wer Oskar Geld schuldete und welche Aufträge noch zu erledigen waren. Sie trieb Schulden bei Herwarth Walden in Berlin ein und bei Karl Kraus in Wien, der Oskar gebeten hatte, seinen Satirenband »Die Chinesische Mauer« zu illustrieren. Sie schlug Oskar vor, Bilder gemeinsam mit eigenen Texten zum Druck anzubieten, sie riet ihm, Herwarth Walden zu kündigen und einen anderen deutschen Galeristen zu nehmen, mit dem sie einen Jahresvertrag aushandelte. Er würde Oskars Bilder und Drucke im Deutschen Reich verkaufen. Und sie mahnte das Meisterwerk ein.

Oskar malte ein Doppelportrait, das ihn und Alma nebeneinanderstehend darstellte, ernst und würdevoll, so wie die alten Deutschen gerne die Ehepaare gemalt hatten. Er arbeitete schnell, innerhalb von wenigen Wochen war das Gemälde fertig.

»Es hat einen stärkeren Ausdruck als meine früheren Bilder«, urteilte Oskar, »es ist ein Meisterwerk. Heiraten wir.«

Aber Alma fand, dem Bild fehle die Leidenschaft und das Ineinanderverwachsensein, das doch ihre Liebe ausmache. Außerdem sei es immer noch zu klein für ein Meisterwerk.

»Dann ist es eben unser Verlobungsbild«, schlug Oskar vor und stürzte sich von neuem in die Arbeit.

Ihr Hochzeitsbild sollte so groß sein wie ein Bett, in dem sie beide liegen konnten. Oskar nahm das Bett in Almas Wohnung als Maß und bestellte einen Rahmen genau in dieser Größe, zwei Meter zwanzig lang und einen Meter achtzig breit. Im April, zum Jahrestag ihrer Liebe, begann er die Arbeit an jenem Bild, das tatsächlich sein Meisterwerk werden sollte. Beim Aufspannen der Leinwand mußte Alma helfen. Sie spannten das Tuch, sie schlugen die Nägel ein, sie achteten auf den Verlauf des Fadens, sie prüften die Festigkeit des Holzes. Sie bauten einen Rahmen, so groß wie Almas Bett.

Dann erhitzte er den Leim, tat Alaun dazu. Er kochte und rührte und mischte, als ginge es darum, das Hochzeitsmahl vorzubereiten. Er vermischte Eier, Honig und entrahmte Milch mit weißer Kreide. Beim Anreiben der Farben wählte er die edelsten Zutaten aus, Balsame und Harze, ätherische Öle, feinstes Terpentin, Nußöl und Rotwein. Während all dieser Arbeiten, die viele Tage in Anspruch nahmen, trug er ein langes, weißes Hemd, das bis zum Boden reichte. Er sah aus wie ein Priester.

Für die Skizzen mußte Alma Modell stehen. Er zeichnete sie in dünnen Kleidern aus gefältelter Seide. Er zeichnete, während sie auf dem Sofa lag und ihm bei der Arbeit zusah, er zeichnete sie, wenn sie im Bett lag und erschöpft schlief. Er zeichnete sich selbst, wie er sie festhielt, wie er sich um sie drehte wie um eine einzige, warme Sonne.

Er malte einen Mann und eine Frau, die beieinanderlagen, in einem Boot, die Hände ineinander gelegt. Und rund um sie herum Stürme und Nacht, Berge, Blitz und Mond und ein bengalisch leuchtendes Meer. Mitten in den Wirrnissen der Natur ein Mensch dem anderen völlig vertrauend. Während die Frau schlief, beschützt von seinem starken Körper, blickte der Mann wach und voller Ernst in ein ungewisses Morgen. Er malte sie beide, als wären sie ein Doppelwesen, losgelöst von Himmel und Erde.

Mit jedem Tag, an dem Oskar an dem Bild malte, kam er dem Tag näher, an dem Alma auch vor den Menschen seine Frau sein sollte. Vor Gott war sie es ja schon lange.

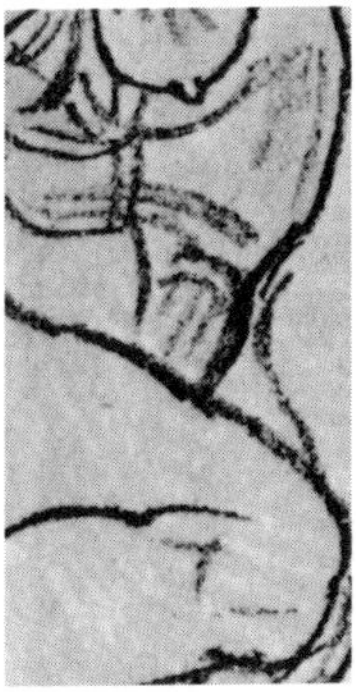

Die kleine Ortschaft Breitenstein lag ungefähr zwei Bahnstunden von Wien entfernt auf dem Semmering. Gegen Norden wird das Tal von den Felswänden der Rax abgeschlossen. Auf dem Kreuzberg, drei Kilometer außerhalb des Dorfes, liegt das Mahler-Grundstück. Früher einmal säumten kleine Kapellen mit Heiligenbildern den Weg dorthin. Auf dem Gipfel standen jetzt noch die Reste dreier Holzkreuze, vermodert, zerbrochen und überwachsen von wildem Geißblatt und Efeu. Früher waren die Dorfbewohner in der Osterwoche zu der Stätte mit den drei Kreuzen gepilgert. Generationen von alten Weibern mit schwarzen Kopftüchern hatten hier Litaneien gesungen. Nun fanden keine Bittprozessionen mehr statt, der ganze Kreuzberg war zur Verbauung freigegeben. Mit seinen ersten Einnahmen aus Amerika hatte Gustav Mahler ein großes Grundstück erworben. Das Fundament für eine Villa wurde hochgezogen, dann starb er. Von da an begannen Brombeeren und junge Föhren zwischen den Betonritzen zu wuchern. Bevor sich die Wildnis über das gesamte Fundament ausbreiten würde, hatte Alma einen Baumeister beauftragt, die Villa so zu errichten, wie ihr Gatte sie geplant hatte. Die Entwürfe waren noch in Amerika angefertigt worden, sie entsprachen eher dem heißen, hügeligen Gelände des amerikanischen Mittelwestens als einem österreichischen Gebirgstal. Eine große Veranda umgab das Haus, dafür gedacht, die texanische Sonne abzuhalten. Hier in den Bergen bewirkte sie aber, daß die Innenräume dunkel und düster waren. Das Dach saß wie eine etwas zu große Mütze auf dem Gebäude, was dem ganzen Haus einen geduckten und unfreundlichen Ausdruck verlieh.

»Ich werde einen Gärtner engagieren. Wenn erst einmal der Garten gepflegt ist, dann sieht das alles hier gleich viel hübscher aus«, meinte Alma. Sie kam jede Woche hierher, um die letzten

Bauarbeiten zu überwachen. Oft ließ sie sich von Lilly mit dem Auto heraufbringen, oder sie nahm den Zug bis Breitenstein und bezahlte dann einen Kutscher, der sie und Gucki auf den Kreuzberg brachte. Das Mädchen war bereits zehn Jahre alt, es war still und ein bißchen altklug. Es tat ihr gut, fand Alma, wenn sie sich bei den Bauern herumtrieb.

Diesmal war auch Almas Mutter mitgekommen. »Jammerschade, daß der Gustav das hier nicht mehr erleben durfte! Er hat das Landleben so geliebt«, rief sie, als sie aus dem Wagen kletterte. Anna Moll war ein Stadtmensch, sie staunte über die Vielfalt der Wetterstimmungen, und der Wechsel der Jahreszeiten war für sie jedesmal ein Erlebnis. Um diese Zeit blühten auf der Wiese unterhalb des Gartens unzählige zarte Margeriten und Glockenblumen. Ein schmales Waldstück mit Lärchen, die seit ihrem letzten Besuch junge Nadeln angesetzt hatten, grenzten das Grundstück ab. Dahinter lag ein Streifen guten Ackerbodens, auf dem die Mägde vom nächstgelegenen Hof die Kartoffeln setzten. Gucki durfte heute dabei helfen.

Anna Moll hatte ihren Schwiegersohn sehr gern gehabt, und er sie auch. Mammerl hatte er sie zärtlich genannt, obwohl sie gerade zwei Jahre älter war als er. Solange er noch Operndirektor in Wien gewesen war, durfte sie stolz in der Direktionsloge thronen, während Alma bei ihren zwei kleinen Kindern zuhause blieb. Immer dann, wenn ein gesellschaftliches Ereignis stattfinden sollte, war ein Kind krank. Altersmäßig hätte sie ohnehin besser zu ihm gepaßt als ich, dachte Alma manchmal, und sie erinnerte sich, wie Gustav und Anna Moll Arm in Arm fröhlich durch die Straßen von New York oder Paris geschlendert waren, während Alma mit Gucki hinterhertrottete. Gustav wollte seine Schwiegermutter ständig dabeihaben, weil sie ihn überall auf der Welt mit dem richtigen Honig versorgte, mit Butter und Spinat. Weiß der Teufel, wo sie das immer auftrieb.

»Hier heroben hätte der Gustav seine heilige Ruhe gehabt zum Arbeiten«, seufzte Anna Moll. Sie hatte einen Korb mit Stickarbeit mitgenommen und hatte es sich auf einer Bank unter dem Kirschbaum bequem gemacht.

»Den Gustav hat doch sogar das Vogelgezwitscher beim Arbeiten gestört«, wandte Alma ein. Der laue Wind, der vom Wald herüberwehte, wirbelte die Blüten vom Kirschbaum. Wie große, weiße Konfetti rieselten sie auf Almas Kleid und auf ihr Haar nieder. Von Breitenstein herüber war das Mittagsläuten zu hören, als Antwort gackerte irgendwo ein aufgeschrecktes Huhn.

»Was hältst du davon, wenn ich Oskar Kokoschka heirate?« sagte Alma mitten in den Frieden hinein.

Anna Moll hob den Blick von ihrer Stickarbeit, schaute ihre Tochter einen Moment lang überrascht an, dann konzentrierte sie sich wieder auf einen winzigen Schlingstich. »O mein Gott!« sagte sie leise, und es war zuerst nicht ganz klar, ob sie damit Almas Idee kommentierte oder einen Fehler in ihrer Stickerei, dann aber fragte sie: »Wer ist Oskar Kokoschka?«

Natürlich wußte Anna Moll, wer Oskar Kokoschka war. Zwei Jahre lang beobachtete sie die Beziehung ihrer Tochter zu dem jungen Maler schon. Ein netter Junge, aber doch kein Mann zum Heiraten! Es gab wirklich bessere Anwärter für Alma.

»Was macht denn dein Walter Gropius? Schreibt ihr euch nicht mehr?«

»Was du von Oskar hältst, habe ich dich gefragt.«

»Du tust ja ohnehin, was du willst. Also sage ich lieber nichts. Ich versteh gar nicht, warum du überhaupt so schnell wieder heiraten willst – wo du doch dein bißchen Freiheit endlich genießen könntest. Und warum dann gerade diesen Kokoschka?« Anna Molls Stimme konnte, wenn sie sich ein wenig aufregte, in unglaubliche Höhen schnellen. Sie war in jungen Jahren Soubrette gewesen, sie war bei Gott keine prüde Frau, sie liebte das Leben, lachte viel und warf auch jetzt noch gerne einen Blick auf junge Männer – aber dieser Kokoschka, nein! Der klebte doch an ihrer Tochter wie eine Klette! Wie der litt, wenn Alma verreist war! Wenn sie im Ausland unterwegs war, sei es zum Vergnügen oder wegen der Konzerte, dann kam Oskar nämlich zu ihr, zu Anna Moll auf die Hohe Warte und wurde ganz weinerlich, sobald jemand den Namen Alma aussprach. Benahm sich so ein Mann? Unter Tränen, unter echten Tränen, las er Almas Briefe, denn Gucki ließ sich immer von ihm die Briefe vorlesen. Darauf bestand das Kind.

»Als du das letzte Mal vom Heiraten gesprochen hast, warst du schwanger«, sagte Anna Moll und wartete auf eine Reaktion, auf eine Widerrede, auf irgendeine Andeutung, ob es vielleicht schon wieder soweit sei. Sie schaute ihre Tochter prüfend an. An den Augen hätte sie es erkannt. Aber Almas Augen verrieten nichts.

»Denk an die arme Maria«, fügte Anna Moll noch hinzu und seufzte leise, »ich will ja nichts behaupten, aber da ist sicher was dran, es bringt nichts Gutes für die Kinder, wenn sie in Sünde empfangen werden – die kleinen Würmer müssen dann leiden.«

»Halt den Mund!« herrschte Alma ihre Mutter an.

Alma sprach nie von Maria, und jeder Mensch, der von dem Unglück wußte, vermied es, davon zu sprechen. Sie selbst hatte sich das Denken an ihr erstgeborenes Kind verboten, denn wenn sie es zuließ, dann stellte sich wieder dieses Brennen am Herzen ein, und sie mußte wieder trinken, starke Getränke wie Absinth, wie sie es sich in den ersten Jahren nach Marias Tod angewöhnt hatte. Gott sei Dank ist sie vom Absinth wieder losgekommen. Der Benedictine hatte bedeutend weniger Alkoholgehalt, selbst Doktor Fraenkel hatte dagegen nichts einzuwenden.

»Ich bin ja schon still. Ich sag ja nichts – aber hoffentlich weißt du diesmal, von wem es ist«, meinte Anna Moll und wandte sich wieder ihrer Stickarbeit zu.

»Und selbst wenn ich jetzt wirklich von Oskar schwanger wäre, diesmal bekomme ich das Kind!« sagte Alma.

Das war im Mai, als die Kirschen blühten. Gegen Ende Juni wußte Alma bereits sicher, daß sie schwanger war. Oskar legte die Hand auf ihren Bauch und sagte:

»Ich kann ihn schon spüren.«

Das war unmöglich, dazu war es viel zu früh, nicht einmal Alma spürte etwas von diesem Ding in ihrem Bauch, von diesem qualligen, stetig wachsenden Etwas.

»Aber ich kann ihn sehen«, behauptete Oskar, »er reitet auf einem kleinen Pferd, und er hat eine lange Lanze in der Hand. Er wird alle Bestien töten, die dich von mir wegziehen wollen.«

»Sei still!« sagte Alma und legte ihm die Hand auf den Mund. »Du erschreckst ihn ja.« Oskar schwieg.

Jetzt würde alles gut werden, jetzt, da sie beide ein Kind auf die Welt bringen sollten. Niemand könnte sie mehr auseinander reißen. Oskar glaubte bereits zu spüren, wie die Heiligkeit, die in dem Wort Familie lag, sie beide umgab. Ein Schutz ging von diesem Wort aus.

Der Sommer war heiß und staubig in der Stadt. Wer immer nur konnte, hatte Wien verlassen und war in sein Landhaus gefahren, nach Bad Ischl oder nach Alt Aussee oder auf den Semmering. Alma ließ bereits ihre Möbel in das Haus nach Breitenstein transportieren. Die dunklen Innenräume bereiteten ihr Sorge.

»Wir müssen noch einige Bäume fällen«, sagte sie zum Baumeister, »ich brauche mehr Licht in den Räumen, denn hier wird ein Maler arbeiten.«

Über dem großen offenen Kamin im Erdgeschoß wollte sie Oskar ein Fresko anfertigen lassen, einen Fries, wie ihn Gustav Klimt im Sezessionsgebäude gemalt hatte. Oskar hatte sofort eine Idee: Die Flammen des Kamins sollten sich in dem Fries fortsetzen. Sie sollten die Leidenschaft darstellen, die in ihm brannte wie ein Höllenfeuer. Alma sollte wie ein reiner Engel vor ihm herschreiten und ihm den Weg weisen, während hinter ihm abscheuliches Getier mit den Gesichtszügen von Männern, deren Namen er nicht in den Mund nehmen wollte, im Feuer zurückbleiben mußte.

Was Oskar ein bißchen schmerzte, war, daß er außer Bildern nichts zu ihrem gemeinsamen Heim beitragen konnte, denn er war immer noch arm.

Die zehntausend Kronen waren fällig geworden, damit Berthi

ihren Emil endlich heiraten konnte. Ein Bankhaus in der Wiener Wipplingerstraße war nach langen Verhandlungen bereit, Oskar auf das große Bild, an dem er jetzt arbeitete, einen Kredit in der Höhe von fünftausend Kronen zu gewähren. Die restlichen fünftausend Kronen borgte er bei einem privaten Geldverleiher. Berthi konnte heiraten.

Oskar hatte also sein Meisterwerk bereits verpfändet, bevor es noch fertig war. Das stimmte ihn traurig, denn er hätte es gerne Alma als Einstand für ihr Haus geschenkt, war es doch das Bild, das aus ihrer Liebe entstanden war. Er hatte noch keinen richtigen Namen dafür gefunden. Einmal nannte er es »Das Boot«, dann »Tristan und Isolde«. Aber er war mit keinem Namen zufrieden, so hieß er es weiterhin das Meisterwerk.

An einem Sonntagabend gegen Ende Juni war sein Meisterwerk fertig. Das Boot schwebte zwischen Himmel und Wasser, jeder weitere Farbstrich würde seine Balance stören, und es würde sinken. Die Frau ruhte so glücklich und voller Vertrauen im Arm des Mannes, jedes weitere Hinzugeben von Farbe würde sie wecken. Der Blick des Mannes schien in der Ferne etwas zu erahnen, das ihm Sorge bereitete. Noch war dieses Etwas weit weg.

Alma lag auf dem Sofa, sie döste vor sich hin.

Sie ist jetzt immer so müde, dachte Oskar, das kommt wahrscheinlich von dem Kind. Der kleine Krieger in ihr drinnen ist ein starker Kerl, der macht sie jetzt schon müde. Oder sind es die vielen Menschen, um die sie sich kümmert, die sich als Musiker und Dirigenten ausgeben, als Künstler, die sich in Wirklichkeit aber nur an meine Frau heranmachen wollen? Vielleicht ist sie müde, weil sie sich in ihrem früheren Leben viel zu viel um andere gekümmert hat, weil sie anderen Männern ihren Körper geschenkt hat? Sie hat vielleicht sogar geglaubt, diese Männer zu lieben, aber es war keine Liebe. Jetzt, im nachhinein, weiß sie das, weil sie mich liebt, und weil wir beide ein und dasselbe Wesen sind, weil wir unsere Seelen ausgetauscht haben. So wie der Mann und die Frau auf dem Gemälde.

Alma setzte sich plötzlich auf: »Was hast du?« fragte sie. »Warum starrst du mich so an?«

»Nichts, ich denke nur an uns zwei. Mein Meisterwerk ist fertig.« Jetzt müßte Alma ihr Versprechen einlösen.

Sie lächelte. Sie legte sich wieder zurück, und während die Müdigkeit ihre Glieder warm umfing, murmelte sie: »Ich habe ganz vergessen, dir zu erzählen – die Mama hat es von einem Wachmann gehört, als sie im Volksgarten spazieren ging: In Sarajewo gab es ein Attentat auf den Thronfolger. Er ist tot. Und seine Frau auch.«

»Wer soll das getan haben?«

»Serben natürlich.«

Nun wußte Oskar, was der Mann auf seinem Gemälde voller Sorge vorhersah. Davon durfte er aber nicht sprechen, nicht zu Alma, die sein Kind im Bauch trug. Schwangere Frauen müssen geschont werden, wußte Oskar, denn wenn man ihnen Angst macht, bringen sie kleine Ungeheuer auf die Welt.

Die folgenden Tage waren gespenstisch ruhig. Wer die Sommermonate auf dem Land verbrachte, blieb dort. Niemand trauerte um den Thronfolger. Er hatte auch nie viel für seine Beliebtheit getan, er war stets mürrisch und aufbrausend gewesen, hatte von vornherein von jedem Menschen das Schlechteste angenommen – um sich eines besseren belehren zu lassen, wie er sagte. Die meiste Zeit hatte er in seinem Schloß bei seiner Frau und den Kindern verbracht, möglichst weit weg vom Wiener Hof, wo man ihn wegen seiner nicht standesgemäßen Heirat ohnehin ständig nur schikaniert hatte. Nicht länger als einen halben Tag waren er und seine Frau jetzt in der Hofburg aufgebahrt, sie einen halben Meter tiefer als er, denn sie war ja von Geburt her bloß eine einfache Gräfin gewesen. Mitten in der Nacht wurden die Leichname abgeholt und donauaufwärts bei Pöchlarn mit einer Fähre über den Fluß geschafft. Dort wurden beide in Franz Ferdinands Privatgruft beigesetzt.

Nach und nach veränderte sich aber die Stimmung in der Stadt. Die Preise stiegen. In den Zeitungen las man Artikel, die den Krieg als notwendigen Erneuerer priesen, als eine der Natur entsprechende, herrliche Sache, während der Friede eine schlappe Angelegenheit wäre, die bloß die Unlust am Leben dokumentiere – etwas für Hofräte und magenkranke Bürger. Der Krieg hingegen sei die Domäne der Jugend. Krieg wurde mit Sieg gleichgesetzt, vielleicht weil die Worte so ähnlich klangen, mit Sieg über Serbien, über die serbische Viper, den Erzfeind. Am 28. Juli des Jahres 1914 wurde den Serben telegraphisch der Krieg erklärt. Die heimliche Angst, daß es mit einem knappen Vergeltungsschlag vielleicht nicht getan sei, die Angst vor dem Kommenden, die viele beschlich, war deutlich im Gesicht des Mannes auf Oskars Gemälde zu lesen.

Zuerst einmal verschwanden die englischen und französischen Namen von den Speisekarten. Die Sauce hieß jetzt auf einmal Tunke, und da wußte jeder sofort, wer von nun an das Sagen hatte. Den Damen wurde nahegelegt, keine ausländische Mode zu tragen, also keine französischen Seidendessous und keine Kostüme aus englischem Tweed, sondern nur noch Bekleidung aus heimatlichen Stoffen.

Dann verließen nach und nach die Ausländer die Stadt. Bessie erschien eines Nachmittags ganz überraschend in Oskars Atelier. Um Lebewohl zu sagen. Sie wollte in die Schweiz fahren, bevor es zu spät war, denn viele wollten jetzt in die Schweiz, und bald würden keine Visa mehr ausgestellt werden. Oskar hatte Bessie schon ganz aus den Augen verloren, so wie er alle seine früheren Freunde kaum mehr traf, denn Alma mochte diese Kaffeehauszyniker, wie sie sie nannte, nicht leiden.

Bessie sah krank aus. Ihr Gesicht, vielmehr das, was ihr Pariser Schlapphut davon sehen ließ, war klein und grau, und unter den Augen zeigten sich dunkle Ringe. Ihr Kleid, das sicher von einem Wiener Nobelschneider gearbeitet war, flatterte um ihren abgemagerten Körper. Sie sah wieder aus wie das arme Proletariermädel von früher.

»Wir müssen doch noch einmal zusammen ausgehen, bevor du fährst«, meinte Oskar, aber Bessie rief: »Oh no!« Dann erzählte sie in ihrem gebrochenen Deutsch – sie hatte es nie richtig sprechen gelernt –, daß sie schon lange nicht mehr ausgegangen sei, denn die Leute reagierten böse, wenn jemand englisch sprach.

Oskar begleitete sie bis zur Josefstädter Straße, wo die Taxis fuhren. Er bemerkte, daß sie nur langsam gehen konnte, immer wieder legte sie eine Rast ein, gab vor, etwas Lustiges erzählen zu wollen. Um ihre Gesundheit mache sie sich keine Sorgen, meinte sie, denn Adolf Loos hätte ein neues Sanatorium für sie entdeckt, in Leysin in der Schweiz, das sei viel besser als Davos. Bessie wußte nicht, daß in Leysin nur die ganz schweren Fälle betreut wurden, die nur mehr ein, zwei Jahre vor sich hatten, ein, zwei Jahre Scheinleben der Lungenkranken.

Oskar wußte das, und Adolf Loos wußte das, aber sie machten gute Miene bei Bessies Abschied am Westbahnhof. Sie zeigten sich fröhlich und zuversichtlich. Auch Peter Altenberg war gekommen. War er doch der erste Mann in Wien gewesen, der sich in sie verliebt hatte, das betonte er noch immer. Bessie wurde ausgiebig geküßt und gehalst, und als die Lokomotive mit den vielen Waggons, die man zusätzlich angekoppelt hatte, endlich abfuhr, winkten die Freunde noch lange und sinnlos hinterher. Eine gewaltige Dampfwolke blieb über dem Bahnsteig zurück.

»Da fährt sie hin, unser krankes Kind, aber wer kümmert sich um mich?« rief Altenberg. Er war der einzige, der Bessies Krankheit tatsächlich nicht für so schlimm hielt, denn er war stets mit einer Vielzahl von eigenen Krankheiten beschäftigt. Die letzte Zeit hatte er im Nervensanatorium am Steinhof verbracht, um seine eingebildete Verstopfung und seine eingebildeten Verfolger loszuwerden.

Trotz der späten Abendstunde herrschte im gesamten Bahnhofsgebäude Gedränge, ein Singen und Lachen, ein Winken und Weinen. Junge Burschen vom Land fragten nach billigen Schlafquartieren, von denen aus sie nicht weit zur Rekrutierungsstelle hätten, denn sie wollten in der Früh gleich unter den ersten sein. Andere, die bereits für tauglich befunden worden waren, trugen kleine Blumensträuße am Hut und einen Vollrausch im Gesicht.

»Auf in den Dienst am Vaterland!« rief ihnen Peter Altenberg zu. »Mit einem Leberschuß und einem Schuß in die Nieren!« Im allgemeinen Stimmengewirr gingen seine Worte zum Glück unter.

Überall in der Bahnhofshalle klebte die Botschaft, in der der Kaiser seinen Völkern mitteilte, daß er sie nun in den Krieg ziehen ließ. »Und wann ist es bei Ihnen soweit?« wandte Adolf Loos sich an Oskar.

»Dazu habe ich nicht die geringste Absicht«, entgegnete Oskar, »ich muß mich um meine Familie kümmern. Außerdem bekommen wir ein Kind«, fügte er hinzu.

Dieser neue familiäre Stolz beunruhigte Adolf Loos. Für Peter Altenberg waren Kinder erst ab der Vollendung des elften oder zwölften Lebensjahres von Interesse, vorausgesetzt, es waren Mädchen. Adolf Loos würde niemals Kinder zeugen können, dieses Unvermögen und sein ständiges Magenleiden rührten von einer schlecht ausgeheilten Syphilis aus seiner Jugendzeit her. Immer, wenn seine Gefühlslage angegriffen war, setzten die Magenschmerzen ein. So auch jetzt. Er war sehr traurig wegen Bessie, er ahnte, daß er sie für immer verloren hatte, und nun fürchtete er auch ernsthaft um seine Freundschaft mit Oskar. Eine Einheirat in diese Clique der aufgeblasenen Kulturträger rund um die Mahlerwitwe würde den ohnehin nicht mehr so regen Kontakt zu seinem jungen Freund gänzlich einschlafen lassen. Trotzdem sagte Adolf Loos: »Gratuliere«, denn er war ein höflicher Mensch.

Im August war Almas Haus bezugsfertig. Weil die Banken aber seit Kriegsbeginn keine Kredite mehr vergaben, mußte Alma sich Geld von Lilly Lieser borgen, um den Baumeister auszubezahlen. Sie ließ den restlichen Hausrat mit der Bahn nach Breitenstein bringen, die Bauern transportierten die Kisten und Kästen mit Leiterwagen auf den Berg, sogar Almas Flügel mußten die armen

Ochsen den Kreuzberg hinauf ziehen. Gucki und Maud hatten ihre Zimmer unter dem Dach bereits bezogen. Es gab auch schon ein Telefon. Nur der elektrische Strom war noch nicht zugeleitet, aber das störte niemanden. Im Gegenteil, Gucki fand die Abende bei Kerzenlicht sogar höchst romantisch.

Im Garten gab es noch Probleme, plötzlich war hinter dem Haus eine Quelle ausgetreten und drohte die Grundfesten auszuschwemmen. Der Baumeister versuchte, das Wasser umzuleiten, was zur Folge hatte, daß aus dem Obstgarten eine Sumpfwiese wurde. Alma befürchtete, daß die feuchte Wiese Schlangen und Kröten anlocken könnte, sie hatte dieses Getier nie gemocht, aber seit sie schwanger war, ekelte ihr noch mehr davor.

Vom Krieg war auf dem Kreuzberg nichts zu bemerken, jedenfalls nichts Nachteiliges. Die Zeitungen, die es unten in Breitenstein zu kaufen gab, zählten allein die Verluste der Gegenseite auf, aus den eigenen Reihen wurde nur von Siegen berichtet. Trotzdem verbot Oskar dem Briefträger, Zeitungen ins Haus zu bringen, Alma sollte in ihrem Zustand nicht mit schrecklichen Dingen konfrontiert werden. Außerdem verbreiteten die Zeitungen ohnehin nichts als Lügen. Er hatte recht, denn in Wahrheit hatten bisher nur die deutschen Truppen in Belgien und Frankreich Erfolge erzielt. Die Serben leisteten den Österreichern erbitterten Widerstand, und die Russen waren innerhalb weniger Wochen schon in Galizien eingefallen.

Heimlich las Alma alle Zeitungen, die sie bekommen konnte. Wenn Maud mit ihren Einkäufen vom Dorf heraufkam, brachte sie stets die neuesten Ausgaben mit.

»Ach«, seufzte Alma, wenn sie von den haarsträubenden Greueltaten der feindlichen Kriegsnationen, von Notzucht und Massenmord las, »ich habe das Gefühl, das passiert alles nur meinetwegen!«

Der Monat August ging seinem Ende zu. Am 31. August 1914 würde Almas fünfunddreißigster Geburtstag sein. Alle sieben Jahre, hieß es, ginge der Mensch in einen völlig neuen Lebensabschnitt. Vor sieben Jahren bin ich mit Gustav nach Amerika ausgewandert, rechnete sie nach, und sieben Jahre zuvor habe ich mich mit ihm verlobt. Die vergangenen sieben Jahre waren im Zeichen ungeheurer Turbulenzen gestanden. Ich habe zu mir selbst gefunden, viele Männer geliebt, alte, junge, distinguierte und völlig unerzogene wie Oskar. Oskar ist gerade achtundzwanzig geworden, auch ihm steht eine neue Periode von sieben Jahren bevor, 1914 bis 1921. Was wird mit ihm geschehen? Wie wird er sein, wenn er so alt ist wie ich?

Gucki war jetzt zehn, da waren keine dramatischen Änderungen zu erwarten. Und das Kind in ihrem Bauch war im vierten Monat.

Als junges Mädchen hatte Alma die letzten Wochen des Sommers gerne in Bad Ischl oder Alt Aussee verbracht, wo sie viele ihrer Bekannten treffen konnte. Sie war oft zu Gast in deren Sommerhäusern gewesen, sie erinnerte sich an die fröhlichen Radtouren und an die Bootsfahrten. Später, in ihrer Ehe mit Gustav Mahler, verbrachte sie den Sommer in kleinen Dörfern in den Tiroler Bergen, aber selbst dorthin waren ihr die Freunde gefolgt. Jetzt hatte sie ihre eigene Sommerresidenz, aber sie saß die meiste Zeit alleine im Liegestuhl auf der Veranda und langweilte sich.

Manchmal kam Almas Mutter zu Besuch. Sie strickte Socken für die Soldaten, das taten jetzt alle Damen der Gesellschaft, und sie riet Alma, dasselbe zu tun. Alma hätte ihnen ein Lied komponiert, aber keinen einzigen Socken gestrickt!

Ich muß Leute einladen, sagte Alma zu sich, das Haus ist fertig, man kann hier übernachten, wenn ich nichts unternehme, wird die Welt mich vergessen. Die Musiksaison hatte noch nicht begonnen, aber Alma hatte erfahren, daß Bruno Walter für ein Gastkonzert nach Wien kommen wollte. Pfitzner unterrichtete schon an der Akademie, und angeblich redeten alle von einem neuen Dirigenten namens Siegfried Ochs, einem hervorragenden Bachdirigenten, der nach Wien kommen wolle. Wenn auch Krieg war, lief doch in der Kultur alles weiter. Warum auch nicht? Das

Burgtheater spielte drei bis vier Mal in der Woche, das hatte sie in der Zeitung gelesen, obwohl der Kaiser es jetzt am liebsten ganz zugesperrt hätte. Im Volkstheater stand eine Schnitzlerpremiere bevor, »Der Ruf des Lebens«, ein schöner Titel –

»Alma!«

Oskars Stimme riß sie aus ihren Gedanken. Er hatte die letzten Tage damit verbracht, das Fresko oberhalb des Kamins zu malen. Sie hatte nichts dagegen, womit sollte er sonst seine Zeit verbringen. Die anderen Männer standen jetzt im Feld. Aber Oskar war ja militärbefreit, er mußte nicht in den Krieg, weil sein Lungenflügel irgendwo angewachsen war.

»Alma! Du mußt kommen. Du mußt mir sagen, ob es dir so gefällt!«

Alma erhob sich aus ihrem Liegestuhl. Ihre Beine schmerzten vom langen Sitzen, eine erste unangenehme Begleiterscheinung der Schwangerschaft. Obwohl sie erschöpft war, ging sie Oskar zuliebe in das Haus, um sein neuestes Werk zu begutachten.

Das Fresko paßte ganz gut in das Wohnzimmer mit dem offenen Kamin, es verlieh ihm eine besondere Note. Der Raum war schlicht eingerichtet. Vier schwere Lederstühle vor dem Kamin, ein Flügel, eine Vitrine mit Gläsern und einige Flaschen feiner Getränke, die sie von Wien hierher hatte retten können. Solange der Krieg andauerte, würde es schwierig sein, anständigen Whisky und Gin zu bekommen.

»Alma!«

Oskars Stimme hörte sich an, als käme sie aus einem der beiden Badezimmer. Das Haus hatte zwei Badezimmer, das war ein Wunsch Gustavs gewesen, der mindeste Luxus, den er brauchte. Alma hatte aus einem gewissen Respekt alles so bauen lassen, wie er es geplant hatte. Überhaupt verspürte sie in der letzten Zeit ihrem verstorbenen Mann gegenüber immer mehr Respekt.

»Alma! Wo bleibst du!«

Oskar hatte auf die Badezimmerwand eine liegende Frau gezeichnet, den Oberkörper halb aufgerichtet wie eine säugende

Löwenmutter. Vor ihr auf dem Boden lag ein Kind, das sie mit ihren prankenartigen Händen beschützte.

»Hier auch?« fragte Alma.

»Ja, hier auch. Ich werde es vielleicht als Mosaik ausarbeiten, du hast Glück, Alma, daß du in mir einen gefunden hast, der dich unsterblich macht!«

Sie lächelte.

Von draußen hörte man jetzt die schweren eisenbeschlagenen Räder des Ochsenwagens und dann die Rufe des Bauern.

»Noch eine Fuhre?« fragte Oskar. »Wir haben doch schon alles, was wir brauchen.«

»Es ist die letzte.«

Sie gingen beide vor das Haus, um einige Kisten und Koffer und Schachteln in Empfang zu nehmen. Alma durfte nichts heben, wegen des Kindes, sie sollte Oskar nur sagen, wohin die Sachen gebracht werden müßten.

»In dem Koffer sind Noten. Gib acht, er ist schwer!«

Sie selbst griff nach einer kleinen, weißen Kiste, nicht größer als eine Hutschachtel.

»Darauf habe ich gewartet!« sagte sie glücklich und trug die kleine Kiste in das Haus, im Hausflur kniete sie nieder und hob vorsichtig den Deckel an. Zuerst kam nur Holzwolle zum Vorschein.

»Was hast du da?« Oskar stellte den Notenkoffer kurz ab. »Was ist das?«

»Etwas sehr Kostbares«, murmelt sie. Es war die Totenmaske Gustav Mahlers.

Oskars Herz klopfte plötzlich wie rasend, und in seinem Kopf machte sich ein taubes Gefühl breit. Ganz ruhig bleiben, sagte er zu sich, ganz ruhig. Das ist eine ausgezeichnete handwerkliche Arbeit, die Nase ist schön schmal geworden, auch die Lippen sind gut gearbeitet. Das Kinn ist etwas zu weit vorgeschoben, aber es war ja damals bereits die Leichenstarre eingetreten. »Der kommt mir nicht ins Haus!« hörte Oskar sich selbst sagen.

Aber Alma war schon in den Salon gelaufen. Leichtfüßig und erfrischt wirkte sie plötzlich, nicht mehr so behäbig und schwer wie vorhin, als sie Oskars Fresko betrachten sollte.

»Mach dich nicht lächerlich. Was soll das heißen, der kommt mir nicht ins Haus? Gustav Mahler ist der Vater meines Kindes.«

»Ich bin der Vater unseres Kindes!« Oskar stand breitbeinig in der Tür. Mit ungeheurer Wucht warf er den Koffer, den er soeben vom Wagen geholt hatte, zu Boden. Eine Flut von handgeschriebenen Notenblättern fiel heraus. »Ich will auch nicht, daß das ganze Haus voll ist mit diesen Noten!« Er trat mit seinen schweren Schuhen auf die Notenblätter, lauter Partituren von Mahlers Hand.

»Paß doch auf, wo du hintrittst!«

»Unser Kind wird sich noch fürchten vor diesem Gespenst!«

»O bitte, nicht schon wieder!« Alma stöhnte. Nun kommt wahrscheinlich wieder ein Vortrag aus seiner Gespensterlehre! Sie kannte das schon zu gut! Sie legte die Totenmaske vorerst auf das Klavier. Morgen würde sie einen endgültigen Platz dafür suchen.

»Was denkst du?«

Seine Worte kamen hastig und voller Mißtrauen. »Sag mir, was du jetzt denkst!«

»Ich denke, daß ich ihn brauche.« Dabei rückte sie Mahlers Kopf ein wenig zum Fenster, damit er hinausblicken konnte in die Landschaft, die er sich für sein Haus ausgesucht hatte. »Ich brauche sein Genie in meiner Umgebung. Sonst kann ich nicht atmen.«

Beim Hinausgehen sagte sie noch mit sanfter Stimme: »Heb' bitte die Notenblätter wieder auf.«

Der Abendnebel legte sich über die Bergwiese, die Luft war jetzt feucht und kühl. Die Rinden der Nadelbäume schienen sich weißbräunlich zu verfärben. Dann wurden sie grau und verloschen. Oskar lehnte am Stamm einer alten Föhre. Er hat die Notenblätter nicht vom Boden aufgehoben. Er hat sich eine Flasche guten schottischen, zwölf Jahre gereiften Whisky aus der Vitrine gegriffen und sie sehr schnell zur Hälfte ausgetrunken. Jetzt lehnte er an einem guten, alten Baum und starrte hinauf zu diesem häßlichen Haus, das nie etwas anderes hatte sein sollen als ein riesiger Sarkophag für ein Genie aus Gips. Für einen Gipskopf, den er selbst geformt hatte. Er meinte jetzt noch den Leichengeruch in der Nase zu haben.

Kröten begannen in der sumpfigen Wiese zu quaken, ein vielstimmiger Chor setzte ein, wie von einem unsichtbaren Dirigenten geleitet. Sie paaren sich noch ein weiteres Mal in diesem Jahr, dachte Oskar, weil Krieg ist. Es heißt auch, daß die Frauen vor einem Krieg leichter schwanger werden.

Inzwischen war der Vollmond über dem Berg hervorgekommen. Oskar bemerkte, wie die fetten, gelben Krötenweibchen jeweils eines der kleineren, grünlichen Männchen auf dem Rücken trugen. Die Männchen klammerten sich, während sie sich mit den Weibchen paarten, an ihren Flanken mit Saugfüßen fest.

Im Haus oben ging das Licht an, und Alma trat im Nachthemd auf die Veranda heraus. Sie suchte Oskar, sie sorgte sich also doch um ihn! Sie durfte nur nicht hier auf die Wiese herunterkommen. Der Anblick der sich liebenden Lurche würde sie maßlos erschrecken, das wußte Oskar. Also nahm er all seine Konzentration zusammen und schritt durch die sumpfige Wiese auf das Haus zu. Der Krötenchor verstummte schlagartig.

Obwohl er betrunken war, überwand er mit einem einzigen Sprung die drei Stufen zur Veranda, und dann tat er das Richtige: Er umarmte Alma. Er verzieh ihr.

»Oskar«, sagte sie leise, denn sie wollte Gucki nicht wecken, die oben in der Mansarde schlief, »Oskar, hör zu!«

»Es ist gut«, raunte er, »wir sind wieder gut. Alles ist wieder gut.« Und dann küßte er sie sanft mit seinen nach Whisky schmeckenden Lippen.

Sie befreite sich aus seiner festen Umarmung. »Oskar, ich werde Gäste bekommen. Bruno Walter hat vorhin angerufen. Er möchte ein paar Tage hier oben wohnen.«

»Das stört mich nicht.« Bruno Walter war ein ehrenwerter Mann, er hatte ihn ja bereits kennengelernt, er könne ruhig hier bei ihnen ein Mansardenzimmer beziehen.

»Ich möchte am Sonntag einen Empfang geben. Das bin ich Bruno Walter schuldig. Er hat sich um Mahler verdient gemacht. Hans Pfitzner wird kommen und ein neuer Dirigent aus Deutschland, ein Spezialist für Bach – «

»Du kannst aufhören mit deiner Aufzählung. Ich verstehe. Ich störe dich. Ist es nicht so?«

»Ja«, sagte Alma. Sie log nie. Es würden ausschließlich Musiker da sein, es werde nur über Musik geredet, das langweile ihn doch immer. Er könne doch die Gelegenheit nützen und wieder ein paar Tage in seinem Atelier nach dem Rechten sehen.

Oskar stand kerzengerade da, wie die Säulen der Veranda, sein Blick schweifte über den vom Mondlicht beschienenen Wald. Sein Gesicht war bleich, das mochte am Licht liegen. Seine Lippen waren auf einmal schmäler als sonst und formten sich zu einem unergründlichen Lächeln. »Siehst du ihn eigentlich, wenn du bei mir bist?«

»Wen?«

»Gustav Mahler.«

Sein Blick ist immer noch auf den mondbeschienenen Wald gerichtet, als erwarte er von dort unten die Antwort.

»Du spinnst. Was hast du?«

»Ich sehe ihn aber«, sagt er eigenartig ruhig, »er ist immer zwischen uns.« Und mit einem Mal reißt er Alma an sich und küßt sie grob auf den Mund. Das ist kein Kuß der Liebe, das spürt sie sofort, das ist Haß. Sie versucht seiner Umklammerung zu entkommen, und sie spürt ihre Schwäche. Da vermindert er den Druck seiner Arme, schon ist sie frei, sie will zurück ins Haus, ins schützende Haus – er stellt sich ihr in den Weg. Breitbeinig. Hält wieder ihre Arme fest.

»Aber ich bin das Genie«, sagt er und grinst.

»Du bist verrückt!«

»So? Bin ich das?« Er versetzt ihr mit der flachen Hand einen

Stoß gegen die Brust, nicht fest, eigentlich gar nicht fest. Alma taumelt gegen die Balustrade.

»Du bist kein Genie!« sagt sie hart. »Du bist ein Trottel! Du bist hysterisch und egozentrisch, und kein Genie!«

Alt sieht sie aus, denkt Oskar, ihr Haar ist zerrauft. Sie ist eine alte Hexe, wie meine Mutter es gesagt hat. »Soll ich dir sagen, was du bist? Du bist ein Nichts! Nichts! Nichts! Nichts bist du ohne deinen Mahler und deinen Klimt und deinen Gropius und Bruno und Pfitzner und Fraenkel und wie sie alle heißen, deine Liebhaber! Nichts als eine unbegabte Pianistin!«

»Gegen all die, die du jetzt genannt hast, bist du von ziemlich geringer Bedeutung!« Wenn nur die Gucki nicht munter wird, hofft Alma, ich will nicht, daß das Kind alles mitanhören muß!

»Die Leute haben mich ja gewarnt vor dir, anonyme Briefe haben sie mir geschrieben, die Namen deiner Liebhaber haben sie mir genannt, alle, mit denen du herumgehurt hast und mit denen du jetzt wieder herumhurst!«

»Sei endlich ruhig!« herrscht Alma ihn an. Sie ist erfahren im Streiten. Sie hat schon viele Streite mit ihm ausgefochten. Und das letzte Wort hat immer sie gehabt. Sie weiß, womit sie ihn am meisten treffen kann:

»Du bist leider kein Genie, Oskar, du bist mittelmäßig. Gustav Mahler war ein Genie, aber du bist es nicht. Ich habe mich getäuscht in dir.« Mit diesen Worten will sie an ihm vorübergehen wie eine Königin.

Aber der Stoß, den Oskar ihr jetzt versetzt, ist härter. Er packt sie am Arm und schleudert sie auf den Wiesenboden. Er stürzt sich auf sie, drückt ihre Arme nach hinten, bis ihre Gegenwehr erlahmt und sie erschöpft im Morast liegen bleibt. Wie soll sie sich aus diesem Griff befreien, von diesen harten Händen? Wie soll sie gegen diese überwältigende Kraft ankämpfen? Gegen dieses Drücken und Quetschen, mit dem er jetzt ihre Schenkel auseinander preßt, gegen diese Notzüchtigung?

Alma fühlt ihre Sinne schwinden, wenn da nicht plötzlich dieser ziehende Schmerz im Bauch wäre!

»Nicht«, bittet sie, »nicht! Es tut jetzt wirklich weh!«

Aber Oskar hört sie nicht mehr, und mit jedem Stoß, den er ihrem Leib versetzt, wird dieser Schmerz heftiger. Jetzt bringt er sein Kind um!

»Mein Kind«, wimmerte Oskar in einem fort. Er versuchte, jemanden ans Telefon zu bekommen, der Alma so schnell wie möglich in ein Spital brachte. Lilly Lieser war der einzig erreichbare Mensch. Im Morgengrauen war sie da, und Oskar trug Alma auf seinen Armen zu Lillys Auto. Sie sollte keinen Schritt gehen, denn sie hatte schon so viel Blut verloren.

Die alte Kinderfrau Maud und die kleine Gucki, die mit ihren zehn Jahren schon ziemlich genau ahnte, was da vor sich ging, standen beide im Morgenrock zitternd in der Tür.

»Sie wird wieder gesund werden, Gucki«, stammelte Oskar, und zu Lilly sagte er: »Ich habe ihr nichts getan, Lilly, ich habe nur die Geister vertreiben müssen – »

»Halten Sie den Mund! Mörder!«

Oskar kurbelte den Motor an, und dann konnte er nur noch tatenlos zusehen, wie Lillys Wagen im Frühnebel verschwand.

Drei Kilometer waren es bis zum Bahnhof in Breitenstein. Nicht viel länger als zwanzig Minuten würde Oskar dafür brauchen, er rannte den Weg ins Dorf hinunter. Er mußte rechtzeitig nach Wien kommen, er mußte mit dem Arzt sprechen. Aber was sollte er dem Arzt sagen? Daß da ein Gespenst zwischen ihm und seiner Frau gewesen ist?

Auf den Frühzug nach Wien brauchte er nicht lange zu warten. Er sprang auf die Plattform zwischen den Waggons. Hier wollte er bleiben. Er wollte nicht im Waggon unter den Menschen sein, wo jeder seine Frau und sein Kind hatte, alle sicher sein konnten, daß am Abend, wenn sie zurückkamen, jemand auf sie wartete.

Regen kam auf, und der Fahrtwind ließ seine nassen Kleider zu eisigen Bandagen werden. Der Ruß und der Rauch der Lokomotive nahmen ihm den Atem.

Der Regen hielt an. Auch in Wien. Mit gesenktem Kopf wanderte er vom Bahnhof zu dem Sanatorium, in welches Lilly seine Frau hatte bringen wollen. Er kam gerade dort an, als Alma auf einem Krankenbett aus dem Operationssaal geschoben wurde. Sie war noch bewußtlos. Ihr Kopf hing zur Seite, der Mund war halb geöffnet, und heller Speichel tropfte auf den Polster. Ihr weißes Patientennachthemd hatte keine Knöpfe, nur Bändchen. Am Hals klaffte das Hemd auseinander und gab den Ansatz ihrer Brust frei. Oskar schloß schnell die Bändchen, dann kamen zwei Krankenschwestern mit riesigen weißen Flügelhauben und schoben Almas Bett fort.

Oskar folgte ihnen. Er wartete, bis sie Almas Zimmer endlich verlassen hatten. Er ließ noch einige Zeit verstreichen, dann drückte er vorsichtig die Klinke herunter und öffnete die Tür. Hier war alles weiß und still. Alles hier versetzte ihn in eine sehr andächtige, fast gläubige Stimmung. Hier war das Heil zuhause, hier würde jeder gesund werden, auch Alma und sein Kind.

Alma wachte auf. Es dauerte einige Zeit, bis sie erfaßt hatte, daß Oskar bei ihr stand.

»Bitte geh«, sagte sie leise.

»Was ist mit unserem Kind?«

Alma gab keine Anwort. Sie drehte sich von ihm weg, aber am Zucken ihrer Schultern sah er, daß sie leise weinte. Was haben die mit ihr gemacht? Oskar näherte sich vorsichtig ihrem Bett und hob die Bettdecke hoch. Alma rührte sich nicht. Ihr Spitalshemd reichte bis knapp zu den Hüften. Über ihre Oberschenkel zog sich ein dunkelroter Blutsfaden, der das Leintuch rot färbte, trotz der vielen Watte, die man ihr zwischen die Beine gestopft hatte. Mein Kind, dachte Oskar. Und er nahm ein Stück von der blutigen Watte, führte sie an sein Gesicht und küßte sie.

Almas schaute ihm entsetzt zu. Dann griff sie nach der Klingel über ihrem Bett.

»Bringen Sie ihn raus, Schwester«, sagte sie, »und lassen Sie ihn nicht mehr zu mir herein. Ich will ihn nicht mehr sehen. Nie mehr.«

Als Oskar wieder auf der Straße stand, spiegelte sich die Sonne in den Regenpfützen. Ein Auto fuhr an ihm vorüber, direkt durch eine Pfütze und spritzte ihn an. Er wollte, es hätte ihn niedergefahren. Er wollte zermalmt werden, vernichtet, ein für allemal ausgelöscht sein.

Viele junge Männer meldeten sich bei der Militärbehörde. Kriegsfreiwillige durften gratis mit der Bahn fahren. Die meisten saßen zum erstenmal in einem Coupé zweiter Klasse, und so mancher fuhr überhaupt das erste Mal in seinem Leben mit dem Zug. An den größeren Bahnhöfen der Monarchie warteten Rotkreuzleute, sie verpflegten die Freiwilligen. Die Coupés waren voll mit Brotresten und Wurststücken. Zu Fressen gab es im Krieg anscheinend genug. Die Berichterstatter schilderten das lustige Dreinhauen und Herumbalgen mit dem Feind, und ständig wurde über das gute und kräftige Essen an der Front geschrieben. So meldeten sich viele freiwillig, weil sie von ihrer Sorge um das tägliche Sattwerden befreit werden wollten. Es gab auch andere, die einfach ihres Alltags überdrüssig geworden waren. Und einige zogen in den Krieg, weil sie die richtige Frau nicht gefunden hatten. Aber nicht jeder wurde zugelassen.

So war es auch bei Oskar, man wollte ihn nicht.

»Was? Als Freiwilliger möchten Sie gehen?« sagte der Militärarzt. »Wissen Sie, wie viele Freiwillige sich bis jetzt gemeldet haben? Eindreiviertel Millionen! Und die schauen alle etwas anders aus als Sie!«

Oskar sah in der Tat nicht aus wie ein Krieger. Er war sehr mager geworden, seine Augen tränten und waren rot unterlaufen. Vielleicht kam das aber auch vom Fieber, denn Oskar war tatsächlich sehr krank. Erst beim Verlassen des Büros konnte er sein Taschentuch ziehen, um das Sekret loszuwerden, das sich während der peinlichen Inspektion seiner körperlichen Unzulänglichkeiten im rückwärtigen Rachen angesammelt hatte. Der verdickte Schleim, den er ins Taschentuch spuckte, war mit Blut vermengt.

»Das ist eine Lungenentzündung!« klagte Romana Kokoschka. »Da kann mir keiner was erzählen. Das kenne ich. Schon als Kind war er lungenkrank.« Der Arzt mußte kommen, aber seine Medizin half nichts. Das Fieber stieg unaufhörlich und preßte alle Flüssigkeit aus den Poren seiner Haut. Die Mutter reichte ihm unablässig warme Honigmilch, sie breitete Tücher auf seine Brust, träufelte Öl darauf, sie rieb ihm den Rücken mit Zwiebelsaft ein und wusch seine Beine mit Essig.

Jetzt hatte sie ihn wieder zurück, ihren Lieblingssohn. Es tat der alten Frau gut, daß sie Oskar pflegen konnte, das lenkte sie ab von anderen Sorgen. Daß ihr zweiter Sohn als Matrose auf einem Kriegsschiff in der Adria eingesetzt war und von der ewigen Geldsorge, die die Familie plagte.

»Diese Bestie hat ihn mir ja halb umgebracht, dieses alte Weib«, schimpfte sie leise vor sich hin, wenn sie seinen heißen, mageren Körper da liegen sah, in dem das Herz so gewaltig klopfte, daß man es von außen sehen konnte. Oskar wollte nicht essen, er wollte nicht reden, er starrte immer nur das große Gemälde an, das er zuletzt gemalt hatte, so groß wie ein Bett. Wenn er einmal den Mund aufmachte, dann kam immer die gleiche Frage, ob Post für ihn gekommen sei. Er wartete auf einen Brief von Alma, das wußte die Mutter genau. Aber das einzige, was von ihrer Adresse ankam, waren seine Briefe, die sie ihm ungeöffnet zurückschickte.

Einmal kam ein Brief von der Bank in der Wipplingerstraße. Man mahnte die Rückzahlung der Kreditraten ein. Oskar schrieb zurück, er könne sein Meisterwerk demnächst um zehntausend Kronen an einen Kunsthändler verkaufen und bat um Aufschub. In einem anderen Brief teilte ihm dieser Kunsthändler mit, daß er das große Gemälde nun nicht mehr kaufen wolle, obwohl Oskar mit dem Preis schon auf die Hälfte heruntergegangen war.

Manchmal kam auch seine Schwester Berthi. Oskar bewunderte ihren Ehering, und sie legte ihre zarte, kühle Hand auf Oskars Stirn und erzählte von ihrem Mann Emil, der eine wichtige Funktion beim Militär bekommen hatte. »Fast so wie ein General«, sagte Berthi.

Ob sie nicht bald ein Kind bekommen möchte, fragte Oskar.

»Ein Kind«, meinte er, »ist etwas sehr Wichtiges. Da kannst du nie ganz vergehen, wenn du ein Kind hast, noch dazu, wenn es aus einer Liebe kommt, Berthi. Es wird wie ein Licht sein, das deine Liebe weiter anzündet.« Berthi wurde immer ganz rot, wenn er so redete.

Eines Tages brachte sie ein Gedicht aus einer Zeitung mit, das sie sehr berührt hatte.

Golden lodern die Feuer
Der Völker rings.
Über schwärzliche Klippen
Stürzt todestrunken
Die erglühende Windsbraut.[11]

»Sie haben das Gedicht abgedruckt, weil der Dichter gestorben ist«, erzählte Berthi. »Er hat sich gleich im August als Freiwilliger an die Front gemeldet, nach Galizien.«

»Ich habe ihn gekannt. Wenn er nach Wien kam, saß er immer im Café Museum. Er war sehr unglücklich verliebt.«

»Vielleicht hat er sich vor lauter Liebeskummer umbringen wollen«, überlegte Berthi, »und ist deshalb in den Krieg gegangen.«

»Ja«, sagte Oskar, »ja, so wird es gewesen sein.« Er wußte, daß der Dichter in die eigene Schwester verliebt gewesen war, aber das verriet er nicht, sonst wäre Berthi wieder rot geworden.

»Hast du schon einen Namen für dein großes Gemälde?« wollte Berthi wissen.

»Nein. Ich finde keinen richtigen.«

»Windsbraut«, sagte sie und lächelte versonnen, »Windsbraut ist ein schöner Name für dein Bild.«

Im Dezember kam ein Brief von einem Apotheker aus Hamburg, der sich für die Windsbraut interessierte. Um zweitausend Kronen würde er das Bild kaufen. Oskar willigte ein. Zweitausend Kronen bar und eine Anweisung von fünfhundert Kronen nach Kriegsende, das war seine Bedingung.

Den ganzen Winter und den halben Frühling brauchte Oskar, um sich von seiner schweren Lungenentzündung zu erholen. Als draußen in den Parkanlagen die Kastanienbäume Knospen ansetzten und im Innenhof der Löwenzahn und der Huflattich die ersten grünen Blätter durch die Betonritzen schoben, beschloß Oskar, daß es für ihn keinen Frühling mehr geben sollte. Er strich die Wände seines Ateliers mit schwarzer Farbe an, tiefschwarz, das war die Farbe, die zu seiner Stimmung paßte.

Eines Tages hörte er, wie jemand die Außentreppe heraufkam. Es waren die Schritte einer Frau. Die Tür wurde aufgestoßen.

»Alma!«

»Ich muß Sie enttäuschen, Oskar. Ich bin es. Lilly Lieser.« Oskar hätte sie beinahe nicht erkannt. Sie sah aus wie ein Mann, sie trug eine Jockeykappe und gestreifte Hosen, in der Hand hielt sie einen englischen Picknickkorb. Oskar mochte diese Art von Verkleidung nicht, er liebte bei Frauen lange, fließende Kleider und elegante Hüte, so wie Alma sie trug.

»Ist Alma etwas passiert?« fragte Oskar, und schon regte sich das schlechte Gewissen, weil er sich statt um seine eigene Gesundheit um ihre hätte kümmern müssen.

»Aber nein. Es geht ihr ausgezeichnet.« Lilly schloß die Tür hinter sich. »Sperren Sie nie die Türe ab?«

»Nein. Wozu?«

»Ganz richtig, wozu eigentlich?« Lilly spazierte in Oskars Atelier umher, sie sah nichts als schwarze Wände. »Wo sind denn alle Ihre Bilder?« fragte sie. »Alma hat immer so geschwärmt von Ihrem Stil.«

»Sie sind doch sicher nicht gekommen, um ein Bild von mir zu kaufen.«

»Nein!« Sie lachte mit gespieltem Entsetzen, als hätte Oskar ihr einen obszönen Antrag gemacht. »Sicher nicht! Alma möchte die Briefe wiederhaben, die sie Ihnen geschrieben hat. Alle.«

»Wenn sie die Briefe will, soll sie selbst kommen.«

»Das wird schwer möglich sein. Alma lebt jetzt in Berlin.«

Berlin! Deswegen hat sie nie geantwortet. Er hatte ihr immer nach Breitenstein geschrieben. Und er hatte schon gedacht, sie wollte nichts mehr mit ihm zu tun haben. »Ach, in Berlin ist sie!« rief Oskar und tat ganz erleichtert.

Lilly blickte ihn mit großen Augen an. War er verrückt geworden? Warum freute er sich so?

»Sie wird bald heiraten«, sagte Lilly und wartete. Was würde er nun sagen?

»Ach so«, rief Oskar und lachte übertrieben laut, »ich nehme an, diesen, diesen – «

»Walter Gropius.«

»Gut! Eine gute Wahl! Ach ja, die Briefe! Wo hab' ich sie nur?« Er verschwand hinter dem Paravent, wo auch sein Bett stand. Die Briefe lagen alle in einer Schachtel gleich neben dem Bett, denn er las sie jeden Abend. Aber jetzt kauerte er auf dem Boden, preßte die Finger an seine Schläfen und atmete tief: Ruhig bleiben, ruhig bleiben, sonst bringe ich sie um!

»Ich nehme sogar an, daß sie schwanger von ihm ist, weil sie es gar so eilig hat mit dem Heiraten«, hörte er Lilly plaudern. Ich erwürge sie, wenn sie noch ein Wort sagt, ich erwürge sie sofort! Er atmete noch einmal tief durch, dann trat er mit den Briefen in der Hand hinter dem Paravent hervor.

Lilly kramte jetzt umständlich in ihrem Picknickkorb und zog schließlich irgendein längliches Ding heraus, das in ein nasses Tuch gehüllt war. Es hatte die Größe einer Ratte. »Das hat Almas Tochter noch zuhause gehabt. Das gehört doch Ihnen, Oskar, nicht wahr«, und sie wickelte das Paket aus. Es war eine Lehmfigur, wie Gucki sie gerne gemacht hatte, aber sie war größer, so groß wie –

»Wie ein Kind, das gerade auf die Welt gekommen ist. Gefällt es Ihnen nicht?« fragte Lilly und klatschte mit der flachen Hand auf den Lehm. Immer wieder klatschte sie darauf, das Geräusch machte Oskar ganz irr.

»Tun Sie das weg«, sagte er drohend, »bitte, tun sie das weg. Ich mag keine Kinder.«

Sie lachte, wickelte die Puppe wieder in den Fetzen ein und ließ den ganzen Packen auf dem Tisch liegen.

»Sie können es ja wegschmeißen, wenn Sie wollen. Ich mag es auch nicht, dieses Ding.« Daraufhin verstaute sie Almas Briefe, diese kostbaren Dokumente einer Liebe, in ihrem häßlichen Korb. Bevor sie endlich ging, fragte Lilly Oskar noch, was er jetzt vorhabe.

»Ich melde mich freiwillig in den Krieg«, sagte er.

»So? Können Sie denn überhaupt mit einer Waffe umgehen?«

»Das wird sich zeigen.«

»Warum der Aufwand? Warum schießen Sie sich nicht gleich selbst eine Kugel in den Kopf?«

»Ich habe leider keine Waffe. Wenn ich eine hätte, dann würde ich jetzt Sie erschießen. Verschwinden Sie endlich! Raus!« Und er nahm den Lehmpacken und schleuderte ihn gegen die Tür, die Lilly gerade noch hinter sich zuwerfen hatte können.

Tags darauf meldete sich Oskar ein zweites Mal bei der Rekrutierungsstelle. Diesmal wurde er für tauglich befunden. Acht Monate nach Kriegsbeginn war man nicht mehr so wählerisch. Im Gegenteil, es hatten bereits Zwangsrekrutierungen stattgefunden. In einzelnen Landstrichen waren alle Männer zwischen achtzehn und zweiundvierzig aus ihren Häusern geholt worden. Die Zahl der Gefallenen wurde im Dunkeln gehalten, sie galten als vermißt oder als gefangen, aber allein die Zahl derer, die als Krüppel in Viehwaggons zurück nach Wien transportiert wurden, war erschreckend hoch. Die Spitäler konnten niemanden mehr aufnehmen, Notlazarette wurden eingerichtet. Auch das Ausstellungsgebäude der Sezessionsmaler am Karlsplatz war in ein Lazarett umgewandelt worden. Klimts Beethovenfries war mit Kistenbrettern vernagelt. Die Verwundeten sollten nicht geschockt werden von der schrecklichen Vision, die der Künstler wenige Jahre vor Beginn des Krieges an die Wände gemalt hatte.

In der Stiftskaserne im Kriegspressequartier hingegen fanden die Maler der Sezession, aus dem Künstlerhaus und die Hagenbundkünstler Beschäftigung als Propagandamaler für Postkarten und als Texter für Kriegshymnen.

»Warum melden Sie sich an die Front? In der Stiftskaserne können Sie den Krieg gemütlicher überdauern«, riet ihm Adolf Loos. Oskar könnte dort prominente Kollegen treffen, Stefan Zweig und Hugo von Hofmannsthal, Franz Werfel, Rainer Maria Rilke und Felix Salten. Sogar Peter Altenberg war beauftragt worden, Kriegshymnenblech zu dichten, denn die Kriegsbegeisterung nahm bereits merkbar ab.

»Maler werden noch dringend gesucht«, meinte Loos, aber Oskar entgegnete, er wolle und könne nicht mehr malen, seit Alma ihn verlassen habe.

»Dann dichten Sie etwas! Führen Sie ein Fronttheaterstück auf.«

»Nein. Ich möchte als Soldat an die Front.«

Adolf Loos überlegte: Die einzige Möglichkeit, seinen jungen Freund zu retten, war, ihn an eine Truppe mit hohen Überlebenschancen zu vermitteln. Er mußte verhindern, daß er zur Infanterie kam, wo die Soldaten den Stacheldrähten, Tretminen und Wolfsgruben ausgeliefert waren und mit Drahtscheren, Äxten und Handgranaten bewaffnet gegen die feindlichen Stellungen vorzugehen hatten. Sein Hauptargument gegen die Infanterie waren allerdings die Fußlappen, die die Soldaten tragen mußten. Nie könnten Fußlappen über die englischen Wickelgamaschen siegen. Wenn ein Volk noch nicht einmal zu den Wickelgamaschen fortgeschritten sei, habe es keine Möglichkeit, einen Krieg zu gewinnen.

Adolf Loos hatte Kontakte zum 15. Kavallerieregiment, dort dienten die Söhne der Adeligen.

Das Reiten konnte schnell gelernt werden. Ein Pferd müßte Oskar allerdings besitzen, so wie die adeligen Kameraden, die sich aus den väterlichen Reitställen bedienten. Die zweitausend Kronen, die Oskar von dem Hamburger Apotheker für seine Windsbraut erhalten hatte, gab er für ein Halbblutpferd, einen Revolver und eine Uniform aus.

»Das wichtigste für einen Soldaten ist, daß die Uniform sitzt!« Für Loos war die Frage der Kleidung immer eine bedeutsame gewesen. Er bestand darauf, daß Oskar sich seine Uniform standesgemäß bei Goldmann und Salatsch anmessen ließ, dem Schneider, für den Loos das Haus am Michaelerplatz gebaut hatte. Die Uniformjacke war hellblau mit weißen Aufschlägen, die Hose war rot, der Dragonerhelm golden und mit einem hohen, stolzen Hahnenkamm versehen.

Nach einem Schnellkursus in Reiten und Schießen musterte Oskar als Fähnrich aus und wurde in einen Eisenbahnwaggon gesetzt mit dem Zielbahnhof Lemberg. Von dort aus sollte er ostwärts in das Gebiet Wolhynien, nach Wladimir-Wolynskij, zu seinem Kavalleriecorps, dessen Aufgabe der Flankenschutz der salzburgisch-oberösterreichischen Infanterie und Artillerie war.

In den größeren Bahnhöfen in Ungarn winkten buntgekleidete junge Frauen, eine reichte Oskar ein Glas Tokaier durch das Fenster. Weiter östlich, in Galizien, bekam er Tee aus großen Samovaren, die an den Bahnhöfen als Empfang für die Soldaten aufgestellt waren. Als Oskar schließlich auf seinem Pferd in der österreichisch-galizischen Festung Przemysl einritt, wurde er wie ein Befreier gefeiert. Im Vorjahr war Przemysl bald nach Kriegsbeginn von den Russen überrannt worden, erst vor wenigen Tagen hatten die verbündeten Truppen des deutschen Generalfeldmarschalls August von Mackensen die Festung zurückerobert. Die Leute bewarfen Oskar mit Blumen, wieder gab es Wein und Tee, und ein junges Mädchen mit langen Zöpfen ließ sich von ihm zu sich aufs Pferd heben. Oskar begann Gefallen am Krieg zu finden.

Sie ritten weiter nach Norden, in langen Reihen, ein blinkender Goldhelm hinter dem anderen, sie überholten die marschierende Truppe, die endlosen Trosse der Planwagen und die schwerfällig vorwärtsrollende Artillerie. Die Straßen brachen ein unter der Last, die Spur der Wagen zog sich immer weiter links und rechts durch die Felder. Die Reiter des 15. Kavallerieregiments aber saßen fesch wie die jungen Götter auf ihren Rössern.

In der Stadt Wladimir-Wolynskij, wo Oskar der Reiterei des Feldzeugmeisters Paul Puhall von Brlog zugestellt wurde, nahmen sie Quartier. Die kleine Stadt am Fluß Bug war die erste rotrussische Stadt, die den Österreichern Anfang August in die Hände gefallen war. Das war erst vor wenigen Tagen gewesen. Die Häuser waren niedergebrannt, die Tiere lagen mit aufgeblähten Bäuchen zwischen den Trümmern.

Oskar bezog Quartier in einer der hellblau getünchten jüdischen Hütten, bei der es sich wohl nicht gelohnt hatte, sie anzuzünden. Die wenigen Schränke im Haus waren durchwühlt, die Fensterscheiben zerbrochen, auf dem Fußboden lagen Scherben vom koscheren Passahgeschirr, das die Juden nur einmal im Jahr gebrauchen durften. Der alte Jude, der hier noch mit einem kleinen Jungen wohnte, bereitete Oskar ein Lager auf den Strohsäcken. Er arbeitete gebückt und dennoch behende. Dabei erzählte er Geschichten von dem verlassenen Gutshof oben auf dem Hügel, der einem polnischen Pan gehört hatte. Er war der Herr gewesen über die kleinen jüdischen Bauern, bis die Russen ihn vertrieben hatten, die jetzt wiederum von den Österreichern vertrieben worden waren. Er erzählte von der polnischen Gräfin, die in dem Gutshof lebte, neunzig Jahre war sie alt gewesen. Ganz alleine war sie mit ihrem Sohn dort oben, mit dem Pan, und sie hatte ihn verachtet, weil er dem aussterbenden Geschlecht keinen Erben gezeugt hat, mit der Pferdepeitsche hatte sie ihn geschlagen.

Nachdem sich Oskar erschöpft auf sein Lager hingestreckt hatte, hörte er eine Kinderstimme. Der kleine Junge, vielleicht acht Jahre alt, drängte sich nahe an ihn heran und flüsterte:

»Panie, Panie, du suchst a Maidelach? Offizier muß immer hoben Maidelach, a scheines Maidelach. Ich brangen eich – dreizehn Johr alt, a scheines Maidelach, mei Schwester!« So war das also im Krieg.

Ringsum blühten die Mohnfelder, der Wind bewegte den Roggen, der noch grün war und biegsam. Am Morgen lag perlmuttgrauer Nebel in den Birkenwäldern. Hinter dem Fluß Styrj begannen die Sümpfe. Dort hielten sich die Kosaken verbarrikadiert. Wenn die Festung Luck südlich von Brest-Litowsk genommen werden sollte, dann müßten die Angreifer über den Fluß, damit man die Russen in die Zange nehmen konnte. Angriff im Rücken und Flankenstöße, so lautete die Taktik. Der rechte Flügel der deutschen Armeegruppe Mackensen war bis zu den Seen und Sümpfen bei Wlodowka gelangt, die Reiterei des Feldzeugmeisters Puhall von Brlog hundert Kilometer im Süden bildete zusammen mit dem salzburgisch-oberösterreichischen Infanterieregiment Erzherzog Rainer den linken Flügel. Die Rösser zertrampelten den Roggen.

Oskar hatte sich als Patrouillenreiter einteilen lassen. Einmal hatte er schon versucht, den Fluß zu durchqueren. Sein Pferd schwamm bereits, da tauchten die Kosaken auf. Als er sein Pferd wieder am Ufer hatte, lahmte es. Mit dem Säbel mußte er es antreiben, hinter ihm das Schlachtengeschrei der Kosaken. Einer auf einem gescheckten Steppenpferd kam ihm schon gefährlich nahe, unter fortwährendem Schießen stand er in den Steigbügeln. »Urrah, Urrah!« brüllte der Kosake. Oskar schaute sich um und dachte: Gleich steigt er auf den Rücken seines Steppenpferdes und macht ein Kunststück wie im Zirkus. Oskar war noch nie einem wirklichen Feind so nahe gewesen. So war das also.

Er ist ihm entkommen. Es war eine Jagd auf Leben und Tod.

Jetzt ist er wieder am Pferd. Ein neues Pferd, aus dem Gutshof der polnischen Gräfin requiriert. Oskars Patrouille steht auf dem Hügel. Er wartet auf ein Signal. Schon seit dem Morgen fühlt er eine Unruhe in sich, eine freudige Erwartung. Wie am Weihnachtsmorgen, wie vor einem Fest. Er denkt nach: Welcher Tag ist heute? Es ist Ende August. Irgendein besonderer Tag ist heute. Es fällt ihm ein, heute ist Almas Geburtstag. Und er hat vergessen, ihr zu schreiben. Er wird ihr heute noch schreiben! Eine Feldpostkarte aus Wolhynien. Oder einen Brief, besser einen Brief, denn könnte er eine Blume dazugeben, Margerite oder Mohn. Der Feldwebel befiehlt: »Absitzen!« Wir stehen da wie die Schießbudenfiguren, denkt Oskar, wenn da unten im Wald Kosaken sind – »Aufsitzen!« Einige Freiwillige sind noch dazugestoßen, und dann geht es hinein in den Wald wie zur Fasanenjagd.

Und plötzlich, aus dem Wald, Geschoßhagel, Maschinengewehrfeuer. Die Pferde scheuen.

»Attacke!« brüllt der Feldwebel.

Oskars Pferd steigt. Er schwingt den blitzenden Säbel in der Rechten, mit der Linken hält er die Zügel. Das Pferd schert aus, setzt an zu einer Seitwärtsbewegung – da fühlt er den dumpfen Schlag an der Schläfe.

Der Himmel stand eben noch blank und unsagbar leer. Aber jetzt leuchten Sonne und Mond gleichzeitig, und Oskars Kopf schmerzt.

Die Schreie der Verwundeten um ihn herum ergeben ein vielstimmiges Orchester. Dazu mischt sich das Stakkato der Maschinengewehre wie rasendes Trommeln. Da wird zum Tanz aufgespielt, zu einem drolligen Totentanz. Oskar hat diese Musik schon einmal gehört, diesen kolossalen Ländler, der nicht von Menschen, sondern von Riesen getanzt wurde – dann war Pause.

Als Oskar wieder zu sich kam, lag er auf der Feldbahre zweier russischer Sanitäter. Sie kippten ihn zu den Toten, aus deren aufgerissenen Bäuchen schon die Gedärme quollen. Die Gesichter waren schwarz von vertrocknetem Blut, die Arme und Beine in komischen Verrenkungen erstarrt, die Finger gespreizt. Der Gestank war so entsetzlich, daß Oskar sich übergeben mußte. Er erbrach sich in das von fetten Fliegen heimgesuchte Gedärm eines jungen Mannes in roten Reithosen, mit dem er vielleicht gestern Abend noch Karten gespielt hatte. Oskar spürte den galligen Geschmack des Erbrochenen auf der Zunge, er hätte sich gerne den Mund abgewischt, aber er konnte seine Hände nicht bewegen. Also lag er da mit offenem Mund, und an der Wurzel seiner Zunge saß eine

Fliege, die sich unablässig um sich selbst drehte, während sie ihre Maden ablegte. Wie eine eiserne Scheibe schnitt sie sich in seinen allmählich vertrocknenden Mund. So wäre er wohl lange gelegen und wäre qualvoll erstickt, hätte sich nicht einer der beiden russischen Sanitäter seiner erbarmt.

Nun begann der letzte Satz des gewaltigen Musikstückes, das man hier ganz exklusiv für ihn alleine aufführte: Die Spitze eines Bajonetts, das sich ganz langsam durch seinen schönen, hellblauen, von Goldmann und Salatsch angemessenen Rock bohrte, summte und tönte wie das Crescendo von tausend Geigen. Jetzt ritzte der scharfe Stahl die Haut, jetzt durchbohrte er mit einem entschlossenen Stoß den Brustkorb. Dumpfe, volle Töne eines geheimnisvollen, fremden Instruments erklangen, und schließlich setzte die Stimme ein, die wunderbarste Frauenstimme, die er je gehört hatte: Sie sang und jubilierte, und dazu raste ein Klavier, voll und tönend. Ja, Alma war zu ihm gekommen. Das war es, was er am Morgen so unruhig erwartet hatte. Sie ist selbst gekommen, und sie singt dieses Liebeslied, das sie einst gesungen hatte, als er in die Villa des Kunsthändlers Moll gekommen war, um sie zu portraitieren. Tristan und Isoldes Liebestod. Die hohen Töne tun ihm ein bißchen weh, brennen in seiner Brust. Sein Brustkorb spannt sich, bläht sich auf wie eine Kugel. Der erste Mensch, den Gott der Herr geschaffen hat, war eine Kugel aus Ton. Wer hat diese Geschichte erzählt? War es der alte Jude in dem hellblauen Häuschen? Eine einzige formlose Masse schuf Gott, eine Gestalt mit zwei Rücken, Mann und Weib bereits vereinigt. Dann trennte er sie mit einem Schnitt, und seither waren sie voller Begierde, wieder zusammenzukommen, seither ging der Streit, wer oben und wer unten liegen sollte. So beginnt die Geschichte von Lilith, der ersten Frau Adams, die nicht unten liegen wollte. Oskar liegt jetzt auf dem Rücken, er wehrt sich nicht. Er umschließt den Stahl, der sich bis an sein Herz bohrt, mit seinem ganzen Körper, nimmt ihn in sich auf, wie eine liebende Frau ihren Geliebten umfängt. Eine Welle des Wohlgefühls durchströmt ihn, und dann schießt eine Blutfontäne aus Mund und Nase.

Die Spitze des Bajonetts hat nur die Herzhaut geritzt.

»Er hat mir nicht zum Geburtstag geschrieben. Er hat es nicht der Mühe wert gefunden. Das ist doch wirklich eine Nachlässigkeit von Walter, meinst du nicht?« Alma war verärgert. Ein Grund, ein weiteres Glas Benedictine zu trinken. »Willst du auch ein Glas?«

Lilly lehnte ab. Sie hatte sich vorgenommen, auf ihre Linie zu achten. Seit sie Hosen trug, mußte sie etwas strenger mit sich sein. Alma dagegen wurde immer breiter und runder, sie drohte das zu werden, was man eine stattliche Frau nannte.

»Vielleicht hat er geschrieben. Vielleicht liegt es gar nicht an ihm. Die kontrollieren doch die Post der Soldaten«, wandte Lilly ein.

»Ach«, erwiderte Alma unwirsch, »an so etwas hätte er vorher denken müssen. Jetzt ist schon lange genug Krieg, daß man das weiß.« Alma und Lilly saßen auf der Terrasse, sie tranken Kaffee, und Alma trank hin und wieder ein Gläschen Likör. Für den Abend hatte Alma Gäste eingeladen, jetzt nützte sie die Nachmittagsstunden, um sich noch etwas zu entspannen. Alma hatte die Knöpfe ihres Kleides geöffnet, sie ließ die Sonne auf ihren gewaltigen, weißen Busen scheinen, die kleinen Härchen spiegelten wie Tautropfen das Licht wider. Zwischen den Obstbäumen spannten sich glitzernde Altweiberfäden. Eine feine Feuchtigkeit lag bereits den ganzen Tag über auf den Wiesen, der Herbst kündigte sich früh an in den Bergen.

»Seit wir verheiratet sind, ist er nachlässig geworden«, seufzte Alma.

Walter Gropius war an der französischen Front eingesetzt, sein Regiment stand an der Oberen Mosel zwischen Nancy und Epinal in Kämpfen, seit Juli war die Front im Stellungskrieg eingefroren. Mitte August hatte er zwei Tage Sonderurlaub bekommen, zu wenig Zeit, um zu Alma nach Wien zu fahren. Alma hatte den

Zug nach Strasbourg genommen. Es war eine richtige Kriegstrauung gewesen, vor einem Feldkaplan. Die Trauzeugen trugen Uniform, Walter natürlich ebenso. Mit seiner fellbesetzten Ulanenmütze und den vielen goldenen Kordeln an der Brust sah er hinreißend aus. Alma war sofort wieder nach Wien zurückgefahren, und irgendwie wurde sie das Gefühl nicht los, daß diese Ehe nicht die große Erfüllung für sie sein werde. Zwei Wochen waren sie erst verheiratet, und schon hat er ihren Geburtstag vergessen!

Von weitem konnte man die schweren Automotoren hören. Die Gäste kamen, Baron und Baronin von Therlitz, der Dirigent Siegfried Ochs mit Gemahlin sowie Anna und Carl Moll. Anna Moll brachte ein Päckchen für Alma mit, das an die Hohe Warte adressiert war. Alma riß das Päckchen sofort auf, es enthielt eine wunderbare Onyxhalskette, ein Familienerbstück der Familie Gropius. Walters Geschenk zu ihrem sechsunddreißigsten Geburtstag!

»Das verdiene ich ja gar nicht!« rief Alma und legte die Kette um den Hals. Die Baronin von Therlitz erblaßte vor Neid, konnte Alma feststellen.

Der weitere Abend verlief eher langweilig. Das ewige Gerede über den Krieg war Alma leid. Das Leben geht weiter, wir können ja ohnehin nichts dagegen tun. Sie bemühte sich um geistvolle Unterhaltung, aber garantiert fing dann doch immer wieder einer davon zu sprechen an, wie teuer alles geworden sei und daß man in Wien kein richtiges Schlagobers mehr bekäme oder daß irgend jemand, den man gekannt habe, gefallen sei. »Der Oskar Kokoschka ist auch gefallen«, hörte Alma jemanden sagen.

Der Satz dröhnte in ihrem Kopf die ganze Nacht hindurch. »Der Oskar Kokoschka ist gefallen!« Sie hatte sich sofort bei den Gästen entschuldigt und war in ihr Schlafzimmer hinaufgegangen, niemand durfte zu ihr, selbst Lilly nicht. Sie mußte sehr viel trinken, wie immer, wenn jemand gestorben war, den sie geliebt hatte. Jetzt lag sie auf dem Bett, ausgestreckt, den Blick zur Decke gerichtet, wie eine aufgebahrte Königin. Die Onyxkette schmückte ihren Busen, das feste Haar war zu Zöpfen geflochten, die ihr weißes, fleischiges Gesicht seitlich umrahmten.

»Hilf mir, Walter«, murmelte sie vor sich hin, »beschütze mich vor den bösen Geistern. Er hätte mich zerstört, wenn ich bei ihm geblieben wäre.«

Der russische Sanitäter, der Oskar mit seinem Bajonett den Gnadenstoß versetzen hatte wollen, war ein abergläubischer Mann. Diesen verdammten Österreicher, der einfach nicht sterben wollte, hielt er für einen Heiligen. Das war die einfachste Erklärung. Und er beschloß, sich unter dessen Schutz zu stellen. Er blieb auch bei ihm, als Oskar in der Festung Luck von einem russischen Offizier vernommen wurde. Nach Name, militärischem Grad und Zugehörigkeit wurde er gefragt, ein sinnloses Unterfangen, denn Oskar konnte wegen des Kopfschusses nicht sprechen. Der Sanitäter führte ihm die Hand, damit er das Papier unterschreiben konnte, mit dem Oskar sich in russische Gefangenschaft begab. Dann verfrachtete er ihn auf einen Handwagen und machte sich mit ihm aus dem Staub, wer weiß, wozu er ihn noch brauchen konnte, diesen Heiligen. Er schleppte Oskar in ein hoch gelegenes Haus, von dem aus man einen guten Ausblick auf die Wälder hinter dem Fluß hatte.

Die Geschützdonner und das Gewehrfeuer kamen näher. An den Hornsignalen konnte Oskar erkennen, daß es seine Leute waren. Als gegen Abend die Festung Luck von den Truppen des Regiments Erzherzog Rainer eingenommen und gesäubert wurde, da sah der schlaue Sanitäter seine Stunde gekommen. Er hob Oskar auf und lehnte ihn an die Fensterbrüstung. Er drückte den Helm fest auf Oskars mittlerweile verbundenen Kopf, er hielt ihm den Arm hoch, damit Oskar dem Salzburger Leutnant salutieren konnte. Der Leutnant erkannte an Oskars bunter Uniform den Österreicher und hielt es daher für überflüssig, seine bajonettbewehrten Männer zur Säuberung in das Haus zu schicken.

Der Sanitäter war Balte, er sprach einige Brocken Deutsch. Er vertauschte seine blutbesudelte Uniform gegen zivile Kleider und begleitete seinen Heiligen weiter ins Feldlazarett nach Wladimir-Wolynskij. Dort versorgte er Oskar mit allem, was er brauchte. Er trieb Wodka auf, er flößte ihm mit kleinen Löffeln Schnaps und kräftigende Suppen ein, er hätte ihm auch ein Mädchen gebracht, wenn Oskar es gewollt hätte. Aber das war wohl noch etwas verfrüht.

Der Stoß mit dem Bajonett hatte Oskars Lunge verletzt. Die Kugel war durch sein Kleinhirn gedrungen, seitlich oberhalb des Ohres hinein und hinten wieder hinaus. Oskar konnte seine rechte Hand nicht mehr bewegen. Er sprach kaum, denn jede Bewegung seines Gesichtes verursachte ihm Schmerzen. Nachts allerdings schrie er, so wie die anderen Verwundeten auch. »Alma!« schrie er im Schlaf. Tagsüber starrte er mit einem seltsamen Blick in eine Ferne hinter den Baracken, wo die rosafarbenen und grauen Wölkchen der Geschütze am Himmel aufstiegen. Die Gestalt Almas erschien ihm dort aus den Nebeln, zwischen anderen menschlichen Schatten kannte er sie heraus. Er sah sich selbst modrige Schwaden durchschreiten. Die Schatten griffen nach ihm, einige knieten nieder, versuchten ihm die Hände zu lecken, andere lachten böse und stießen die Knienden in eine Grube. Bettler mit Krücken verteilten Abfälle aus ihrem Bettelsack, Irrsinnige versuchten die Wände emporzuklettern, Mörder mit Dolchen sprangen auf Oskars Schatten zu und bohrten das Eisen in den Grund. Andere Schatten klammerten sich wie Tiere aneinander, sie paarten sich unter Kichern und Murmeln und gellendem Lachen. Alma stand wie Eurydike in ein Leichentuch gehüllt und wartete darauf, daß Oskar endlich kam, um sie aus dem Reich des Vergessens herauszuholen.

»Orpheus! Hier, da ist meine Hand!« ruft sie. »Reiß' den Schleier weg!«

Oskar weiß, daß er sie nicht anblicken darf, sonst wird er sie niemals zurückbekommen.

»Ach, vergib, vergib die lange Zeit!« ruft sie wieder. Jetzt ist er bei ihr, mit abgewandtem Gesicht hebt er sie hoch, trägt sie zum Ausgang des Hades.

»Vergessen, Orpheus? Nie mehr!«

»Vergessen? Eurydike, nie!« [12]

Ab und zu überfiel Oskar ein Zittern, und dann sank er wieder in Ohnmacht. Er ist leider ganz verrückt geworden, sagte der baltische Sanitäter zu sich selbst. Eines Tages verschwand er.

Oskar wurde gegen Ende September mit einem Verwundetentransport nach Wien gebracht. Seine Lungenverletzung heilte notdürftig aus, die Kugel im Kopf aber hatte seinen Gleichgewichtssinn zerstört. Im Palffy-Spital in Wien zog man einen Kreidestrich auf dem Boden. Oskar sollte lernen, gerade zu gehen, denn er drehte sich wie ein krankes Huhn im Kreis, sobald man ihn auf die Beine stellte. Man versetzte ihm Elektroschocks, um künstliche Gehirnkrämpfe hervorzurufen.

Adolf Loos besuchte ihn häufig und versuchte mit lustigen Kommentaren zu Oskars Gehversuchen den Seelenzustand seines Freundes etwas aufzuheitern. Er erzählte ihm Anekdoten über Peter Altenberg, der wieder im Sanatorium Steinhof war, und was man sonst alles im Kaffeehaus tratschte. Aber Oskar war nur an einem interessiert: Wo war Alma, und wann würde sie zu ihm ins Spital kommen?

»Bringen Sie sie mir, bitte«, flüsterte er.

»Sie ist nicht in Wien«, log Adolf Loos.

Er hatte ja bereits mit Alma gesprochen, sie beschworen, Oskar wenigstens einmal im Spital zu besuchen. »Einmal nur! Bitte! Ich fürchte, er hat sonst nicht die Kraft, gesund zu werden.«

Aber Alma hatte sich geärgert, daß gerade Adolf Loos sich als Vermittler aufdrängte. Nein, sagte sie, wenn er so schwächlich geworden sei, daß er ohne sie nicht am Leben bleiben könne, dann solle es eben so sein. Für sie war er ohnehin schon gestorben.

Vielleicht war ein Grund ihrer Hartherzigkeit auch der, daß sie wieder ein Kind erwartete. Sie hatte sich fest vorgenommen,

Walter Gropius treu zu sein und die anderen Männer, allen voran Oskar, völlig aus ihrem Leben zu verbannen.

»Vergessen Sie diese Frau«, beschwor Loos seinen kranken Freund, »wenn Sie nur irgendwie können, dann vergessen Sie sie.«

»Ich werde mich bemühen«, sagte Oskar, »danke jedenfalls für Ihr Bemühen.« Dann fiel er wieder in einen Dämmerschlaf, und die Krankenschwester bat Adolf Loos zu gehen.

In den Nebeln erschien ihm wieder Alma. Sie war Eurydike, und er war Orpheus. Er hatte sie auf sein Schiff gebracht, sie lagen in der Kajüte, sie in seinem Arm, als plötzlich ein menschlicher Schädel über die Bootsplanken auf sie zurollte. Diesen Kopf kenne ich, dachte Oskar, diesen Aztekenkönigskopf. Die schmale, leicht gebogene Nase. Er ist der König des Hades! Er läßt sie nicht los!

»Sag nur noch, siehst Du – Ihn, wenn ich bei Dir bin?« fragt er und ergreift sie heftig am Arm.

»Ich sehe des Toten Lächeln wieder!« sagt Eurydike.

»Zurück in die Vergangenheit, wenn Du verlangst nach ihr.« [13]

Und Orpheus stößt seine Geliebte, die er der Vergangenheit doch nicht hat entreißen können, hart von sich. Matrosen kommen, nehmen Eurydike auf ihr Schiff und verschwinden mit ihr im Nebel.

Sobald Oskar wieder schreiben konnte – mit der linken Hand, denn die rechte gehorchte ihm noch immer nicht –, schrieb er die Geschichte von Orpheus und Eurydike nieder. Eine lange, lange Geschichte, eine Tragödie würde es werden, ein Bühnenstück, wenn man ihm nur Zeit ließ, es zu vollenden. Der Arzt, der für Oskars Genesung zuständig war, erklärte ihn nach kurzer Zeit für fronttauglich, und Oskar wurde an der Isonzofront als Verbindungsoffizier eingesetzt. Im August des Jahres 1916 detonierte dicht neben ihm eine Granate, Shellshock lautete die medizinische Bezeichnung für diesen Zustand der Nervenzerrüttung, mit dem Oskar ein weiteres Mal in ein Spital eingeliefert wurde. Man verfrachtete ihn in einen Zug und fuhr ihn quer durch den Kontinent nach Berlin, wo es einen Spezialisten für Kriegsneurotiker gab, wie man die armen Teufel nannte, die nach einem Shellshock aufgehört hatten zu hören, zu sehen und zu sprechen. Während der Neurologe und seine Assistentin Oskar mit Kochsalzeinspritzungen, Nadelstichen und Stromstößen quälten, wobei man sich aus einer Verbindung von Stromstößen mit gewissen militärischen Befehlen eine besonders heilsame Schockwirkung versprach, während dieser Zeit der Qual dichtete Oskar weiter an seinem Drama:

Orpheus hat Eurydike zum zweiten Mal verloren. Betrunkene Weiber und kokainsüchtige Matrosen quälen Orpheus, sie hängen ihn kopfüber an einen Dachbalken, der von seinem verbrannten Haus übrig geblieben ist. Wenn die wilden, bacchantischen Tänze der Weiber zu Ende sind, steigt aus der Grube des Hauses eine Rauchsäule auf, die blasse Figur einer Frau, in weiße Tücher gehüllt. Sie schwebt über das Leichenfeld, suchend, bis sie den Gequälten entdeckt. »Sag ist hier der rechte Ort, dich zu finden? Es ist grauenvoll bei dir.« Sie lockt ihn wieder, bettelt um Verzeihung, sie läßt ihr Leichentuch fallen und steht nackt vor ihm. Und aus der Asche des verbrannten Hauses schießen kleine Feuerzungen empor, überall sich vermehrend, neue erzeugend.

Der Berliner Neurologe erklärte Oskar nach kurzer Zeit für tauglich. Als frontuntauglicher Soldat hätte Oskar eine Rente gebührt, aber der Neurologe hatte bereits zu viele solcher Atteste ausgestellt, jedes weitere hätte ihn seinen Posten gekostet.

Wieder wurde Oskar zum Bahnhof gebracht, wieder sollte er an die Front. Der Waggon war voll mit Landsturmmännern, alten Männern mit mageren Gesichtern und angstvollen Blicken. Oskars Uniform war mausgrau und schlicht, nichts mehr von der rot-blau-goldenen Pracht, in der er im Sommer vor einem Jahr nach Galizien gezogen war. Das Brot in seinem Proviantsack war schwarz und gelb, das kam von der Beimischung von Mais und anderen Dingen. Butter aufs Brot gab es schon lange keine mehr. Im Morgengrauen hielt der Zug in Dresden. Schlaftrunken war

Oskar mit den anderen Männern einfach ausgestiegen, gewohnt zu gehen, wenn alle gehen und zu stehen, wenn alle stehen. Die Landsturmmänner ließen ihr Gepäck einfach auf den Perron fallen, kauerten sich nieder und versuchten, noch ein Weilchen zu schlafen. Oskar fand keinen Schlaf, er lag auf dem Rücken, den Kopf auf seinen Tornister gebettet, und blickte in die gewaltige Metallkonstruktion der Bahnhofshalle. Ein paar Vögel hatten sich in die Kuppel verirrt, sie flatterten aufgeschreckt gegen die Scheiben.

»Herr Kokoschka, Herr Oskar Kokoschka! Wo ist Herr Kokoschka?« Der schmächtige Mann mit dem Tolstoibart, der den ganzen Perron ablief und offensichtlich nach ihm suchte, war Oskar völlig unbekannt. Er stellte sich als Nervenarzt Doktor Neuberger vor. Gewohnt, jedem Arzt zu gehorchen, schritt Oskar schließlich hinter dem kleinen Mann her.

Als sie das Bahnhofsgebäude verlassen hatten, meinte Oskar dann doch: »Ich muß aber zu meinem Regiment an die österreichische Front!« Doktor Neuberger versicherte, daß in den nächsten Tagen kein einziger Zug mehr aus Dresden herauskäme.

»Erst müssen Sie sich bei mir waschen und ausschlafen. Ich habe ein Bett für Sie frei.« Ein gemeinsamer Freund aus Berlin hätte ihn gebeten, sich seiner anzunehmen, fuhr der Nervenarzt fort, er werde Oskar jetzt in Dr. Teuschers Nervensanatorium bringen, wo er ihm eine ärztliche Bescheinigung über ein irreparables Nervenleiden ausstellen wolle, welches Oskar für einen weiteren Einsatz an der Front als untauglich erklärte.

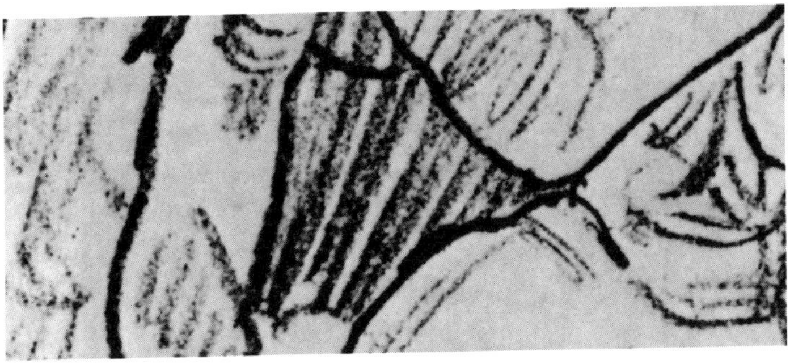

Dresden/Weißer Hirsch 15.1.1919

Mein liebes Fräulein Moos,
ich erwarte jeden Tag Ihre Nachricht, daß meine Geliebte, nach der ich mich verzehre, bald mein wird. Ist Ihnen alles so gelungen vorzutäuschen, daß ich nicht ernüchtert werde? Und sind Ihre fleißigen Hände allen heimlichen Spuren gefolgt, die nur ich und Sie wissen, woran man erkennt, daß es meine Geliebte ist? Und weiß niemand etwas davon ...? Ich würde sterben vor Eifersucht, wenn irgendein Mann die künstliche Frau in ihrer hüllenlosen Nacktheit mit den Augen oder den Händen berühren dürfte. Bitte schreiben Sie mir noch einmal, daß und wie alles geglückt ist, die rotblonden Haare, die angenehme und gefällige, geniale Kopfform, die Hände und Beine graziös und fest, sicher in den Gelenken, und ich beschwöre Sie bei Ihrer künstlerischen Fruchtbarkeit für alle Zukunft, versichern Sie mir, daß Sie diese pfirsichrauhe, leuchtende Haut erschaffen konnten, mit welcher ich meine Wunschgeliebte schon längst in Gedanken umhüllt habe, und daß die irdischen Spuren, wie es gemacht wurde, entweder durch glückliche Einfälle der schöpferischen erotischen Laune vernichtet wurden oder zu neuen Bereicherungen des Glücks und Wohllustempfindens umgedeutet wurden. Die Bemalung darf nur mit Puder, Nußstaub, Obstsäften, Goldstaub, Wachshäutchen geschehen, und so diskret, daß man sie nur ahnt; nehmen Sie Ihren eigenen Körper zum Modell, bitte. Und nur mit den Fingern auf-

tragen. Nicht mit einem Instrument. Wann halte ich dies alles in Händen?

Ich empfehle mich mit meiner ganzen Ungeduld
und mit den besten Grüßen

Ihr Oskar Kokoschka.[14]

Fast ein ganzes Jahr lang hatte Hermine Moos, eine Kunsthandwerkerin, die im Anfertigen lebensgroßer Puppen ziemlich geschickt war, an dem Ebenbild Almas gearbeitet. Als im April die Puppe fertig war, verpackte Fräulein Moos sie mit viel Holzwolle in eine Kiste und schickte diese mit der Bahn von München nach Dresden. Oskar wollte seiner neuen Lebensgefährtin einen gebührenden Empfang bereiten.

Die Anstaltsleitung des Nervensanatoriums hatte Oskar einen eigenen kleinen Pavillon zugeteilt, einen hübschen Rokokopavillon, wie sie in den riesigen Parks der sächsischen Könige standen. Hier lebte Oskar, umsorgt von Doktor Neuberger, von einem Stubenmädchen und einem Koch. Den Kiesweg, der zum Pavillon führte, hatte Oskar sorgfältig mit Fackeln und Palmzweigen dekoriert. Das Stubenmädchen Hulda bekam ein weißes Häubchen ins Haar und eine Batistschürze umgebunden. Sie sollte ab sofort die Kammerzofe der gnädigen Frau sein. Der alte Koch, der früher einmal Kammerdiener in einem Schloß gewesen war, hatte schon am Morgen seine ehrwürdige Livree angelegt. Er verbrachte viel Zeit vor dem Spiegel, zupfte die Uniform dort und da zurecht. Seine adelige Herrschaft war gegen Kriegsende vor dem revoltierenden Mob auf ihre Güter in den Süden geflüchtet, den Alten hatten sie nicht mitgenommen. Damit waren traurige Zeiten für ihn angebrochen. Der Abstieg vom Kammerdiener einer herzöglichen Herrschaft zum Koch in einem Nervensanatorium für geisteskranke Künstler hatte etwas Tragisches. Um so glücklicher war der Alte heute, und voller freudiger Erwartung harrte er der Ankunft der gnädigen Dame, deren ganz persönlicher Kammerdiener er ab jetzt sein sollte.

Gegen Abend meldete der Pförtner, daß jemand für Herrn Kokoschka gekommen sei. Hulda, Oskar und der alte Kammerdiener postierten sich auf den Stufen des Pavillons. Der Champagner stand im Eiskübel bereit, Hulda hielt das Tablett mit den Gläsern. Der Kammerdiener nahm Haltung an. Zwei Dienstmänner kamen aus der Tiefe des Parks näher. Laut knirschte der Kies unter ihren schweren, nagelbesohlten Schuhen. Die Männer trugen eine längliche Holzkiste in der Größe eines Sarges auf ihren Schultern. Sie stellten die Kiste vor dem Pavillon ab, und Oskar mußte einen Frachtschein unterschreiben. Mit Zange und Brecheisen riß Oskar die Bretter auseinander, er wühlte in der Holzwolle und zog schließlich einen weichen, menschenähnlichen Körper aus rosafarbenem Plüsch hervor. Der Kopf baumelte nach hinten, die langen haselnußbraunen Haare berührten den Boden. Oskar brach in ein kurzes Lachen aus, dann wandte er sich dem Stubenmädchen zu und sagte traurig: »Zum Abgewöhnen, gell, Hulda?«

Das Küchenmädchen verstand nicht ganz. Sie verstand ihn meistens nicht, schon wegen seines breiten Wiener Dialektes, aber gern hatte sie ihn, ihren Herrn Rittmeister. Sie fand es recht komisch, lustig, daß er dieser Fetzenpuppe einen so feinen Empfang bereitete. Der arme alte Koch indessen fühlte sich tief in seiner Ehre getroffen. Er verstand überhaupt keinen Spaß, fand Hulda. Noch am selben Abend packte er sein Köfferchen und kündigte Oskar den Dienst.

Dresden schien damals voller Künstler zu sein. Aus manchen Villengegenden waren geradezu Künstlerkolonien geworden. Fortwährend begegnete man auf der Straße einem Prominenten: »Da geht der –, er schreibt einen neuen Roman. Da ist die –, du weißt doch, die Tochter von –, der das Denkmal – « Es war wie in einem Zoo. Der letzte sächsische König hatte im November 1918 mit einem »Macht euren Dreck aleene« abgedankt. Ein Revolutionsrat hatte die Stadtverwaltung übernommen. Die Dresdner Kunstakademie wurde von einem revolutionären Studentenrat geleitet, dieser berief Oskar Kokoschka zum Professor für eine Malklasse. Er unterrichtete eine kleine Gruppe von Studenten, drei waren es, unter denen er am Monatsende sein Lehrergehalt aufteilte.

Oskar war ein äußerst unakademischer Lehrer, seine Schüler sollten in völliger Freiheit ihre eigenen Wege in der Malerei finden, wichtig war ihm nur, daß das, was sie malten, aus ihrem Herzen kam, aus Erschütterung und Liebe. »Ihr müßt verliebt sein in das, was ihr malt«, sagte er. Die drei Studenten waren stolz, seine Schüler zu sein, und manchmal brachten sie ihre Tanten und Cousinen mit in den Unterricht, wo diese neugierig den eigenartigen Professor aus Wien beobachteten. Sie standen in Grüppchen auf dem Flur vor den Arbeitsräumen der Akademie und stießen sich an, wenn Oskar mit seinen weitausholenden Schritten daherkam. Er warf die Beine beim Gehen vorwärts, so daß man befürchten mußte, er würde gleich hinfallen. Oskar hatte immer noch Schwierigkeiten, das Gleichgewicht zu halten. Aber die meisten Tanten und Cousinen waren mehr an Oskars Augen interessiert, an den schönsten blauen Augen, die sie je bei einem Mann gesehen hatten. Als sie erfuhren, daß Oskar mit einer Puppe zusammenlebte, fanden sie ihn noch interessanter.

Einige Damen in Dresden zeigten bereits Mitgefühl für den armen Professor, der sich Nacht für Nacht an einer Puppe wärmen mußte. Falls er die Puppe einmal satt habe, stünden sie gerne zur Verfügung. Aber Oskar sagte jedesmal: »Danke, ich habe doch meine Puppe. Eines Tages wird sie noch lebendig werden unter der Glut meiner Liebe.«

In seinem Rokokopavillon, abends, wenn Hulda ihren Dienst beendet hatte, dann beschäftigte er sich mit ihr. Tagsüber hing sie wie ein Sack über einem Stuhl, in Leinen gewickelt. Wenn er mit ihr alleine war, wurde sie zur Eurydike, und er wurde zu Orpheus, den das Gespenst der Geliebten nicht ruhen lassen wollte. Er zwängte ihren Puppenkörper in schmale, lange Kleider aus Chiffon. Elegante Modelle aus der Zeit vor dem Krieg, als die Stoffe noch von hoher Qualität waren. Er ließ sich feine Unterwäsche aus Paris schicken und zog sie der Puppe an. Er malte ihr die Lippen rot, und wenn er sie küßte, färbte die Schminke auf seinem Gesicht ab. Er legte sie auf sein Sofa, öffnete den Ausschnitt ihres Kleides, spreizte ihre Beine weit. »Es müssen die parties honteuses auch vollkommen üppig ausgeführt werden und mit Haaren besetzt sein, sonst wird es kein Weib, sondern ein Monstrum«, hatte er das Fräulein Moos angewiesen. Wenn er ihr Haar frisierte, echtes Frauenhaar, das einzige, was echt war an dem Fetzenbalg, dann barg er oft sein Gesicht darin und sog den Geruch ein. Es war ein fremder Geruch, nach Walnuß und Safranleder, nicht unangenehm. Doch dann erwachte in seiner Erinnerung wieder der Geruch nach Talg und Staub, süßlich und schwer, und Oskar weinte.

Aber er konnte wenigstens wieder arbeiten. Er zeichnete, er stand an der Staffelei, dabei summte er vor sich hin, sang irgend etwas, keine bestimmte Melodie, nur Töne. Er sprach mit der Puppe, zärtliche Worte voller Entzücken über ihr Wesen. Er hatte endlich ein Modell, das immer für ihn da war, geduldig, treu, das nichts von der schlangenhaften Falschheit der Frauen hatte, die sich doch immer wieder für fremde Männer interessierten.

Er hatte eine Gefährtin, die ihm immer zusah beim Arbeiten. So etwas hatte er sich gewünscht, immer schon.

Oskar zeichnete die Puppe in verführerischen Posen. Sie saß auf seinem Schoß, während er mit dem Finger auf ihre Scham deutete. Er zeichnete sie als Monstrum, das über seine Schulter blickte und ihn festhielt. Er malte sie als laszive Dame in kräftigem Blau. Denn Blau war eine weibliche Farbe, hatte er herausgefunden, eine kalte, schwächende Farbe. Rot dagegen war die Farbe des Lebens, männlich. Oskar mischte die Farben jetzt direkt auf der Leinwand, mit Feigenmilch eingedickt bildeten sie einen perlmuttartigen Schmelz. Seine Bilder wurden zusehends bunter und kräftiger, rot und blau, gelb und grün.

Wenn fremde Menschen in sein Atelier kamen, hüllte er die

Puppe schnell in ihre weißen Tücher und ließ sie in die Kiste verschwinden. Nur enge Vertraute durften sie sehen, die Kammerzofe Hulda, der Arzt Doktor Neuberger und die Schauspieler, die Oskars neues Theaterstück probten. Es erzählte die alte Geschichte von dem Sänger, der seine geliebte Frau aus der Totenwelt ins Leben zurückholen wollte, genauso wie Oskar versucht hatte, Alma aus der Gewalt ihres toten Gatten zu befreien. Wie sein mythologisches Vorbild war Oskar dabei gescheitert. Das Theaterstück handelte von Liebe und Haß, Anziehung und Abstoßung und von dem tödlichen Kampf um Freiheit.

Die Premiere war für den 2. Februar 1921 im Schauspielhaus in Frankfurt angesetzt. Der Schauspieler Heinrich George führte Regie.

»Komm her zu mir, Anni! Ist heute die Post schon gekommen?«

Gucki hieß jetzt Anni, sie war siebzehn Jahre alt, hatte schwarzes Haar, hellblaue Augen und eine schöne, hohe Stirn – und sie hatte sich verlobt! Für Alma eine unglaubliche Sache. Dieses Kind! Was konnte ein Mann an ihrem Kind finden? Gestern ist er zu Besuch in die Elisabethstraße gekommen, der junge Mann, mein Gott, der war ja selbst noch ein verlegener Junge. Sie mußte ihn einfach umarmen, und dann gab sie den Kindern ihren Segen. Warum sollte sie die Liebe der Kinder behindern?

Sie war also eine Schwiegermutter geworden, und bald würde sie sich alt fühlen. Schrecklich!

»Anni! So komm doch!« Alma lag meistens bis Mittag im Bett, und es war ihr eine liebe Gewohnheit geworden, daß Anni gegen zwölf Uhr die Post brachte und dann zu ihr unter die Decke schlüpfte. Sie kuschelten sich aneinander und lasen gemeinsam die Briefe. Alma hatte keine Geheimnisse vor ihrer Tochter.

Heute war ein Brief von Siegfried Ochs gekommen, ein Liebesbrief – so etwas besänftigte die Angst vor dem Altwerden wieder etwas – und ein Telegramm von Oskar aus Dresden. Alma seufzte. Oskar schrieb ihr noch immer, natürlich nicht so oft wie früher, und sie antwortete fast nie. Wegen Franzl, mit dem sie jetzt lebte, Franz Werfel, den sie wirklich sehr gern hatte und dem sie nicht weh tun wollte. Alma riß das Telegramm auf.

»Nimmst du den größten Moment deines Lebens wahr und kommst zu der himmlischen Aufführung von ›Orpheus‹ trotz irdischer Schwierigkeiten. Alma sei meine Herzensgeliebte! Oskar.«[15]

»Anni, mein Kind«, jammerte Alma, »ich kann doch nicht einfach nach Frankfurt fahren, was sage ich dem Franzl?«

Franz Werfel war ein großzügiger Mensch, er hatte nie etwas einzuwenden, wenn Alma ihren Ehemann Gropius besuchte, er hatte Verständnis, daß die kleine Manon ab und zu ihren Vater sehen mußte – aber er hatte sie inständig gebeten, sich mit Oskar Kokoschka möglichst nicht zu treffen. Jeder wußte von der Geschichte mit der lebensgroßen Puppe, und auch daß diese Puppe mit den langen Haaren ein Ebenbild Almas sein sollte. Aber es hatte sich auch bis Wien herumgesprochen, daß Oskars Bilder sehr erfolgreich waren, daß sie von wichtigen Museen angekauft wurden und daß er bei der internationalen Kunstausstellung in Venedig im nächsten Jahr dabeisein sollte.

»Ich hab es geahnt«, stöhnte Alma, »ich hab es ja geahnt, daß so etwas kommen würde wie diese Einladung.« Zu oft hatte sie in der letzten Zeit wieder an ihn gedacht.

»Vergessen, Orpheus? Nie mehr!«

Die Schauspielerin war in weiße, fließende Tücher gehüllt, die so dünn waren, daß man im Scheinwerferlicht die Konturen ihres Körpers durchscheinen sah. Sie stand barfuß auf der Bühne. Sie beugte ihren geschmeidigen Rücken nach hinten, das lange, offene Haar berührte fast den Boden. Sie war eine Meisterin des expressiven Spiels.

»Vergessen? Eurydike, nie!« Orpheus schob seinen kräftigen Arm unter Eurydikes gebeugten Rücken, hob sie auf und trug sie langsam auf die Kulissengasse zu. Dichter Bühnennebel breitete sich auf dem Boden aus, allmählich schienen die Schauspieler zu schweben, rosafarbene und blaue Lichter kreisten in den Nebelschwaden, dann wurde es dunkel. Die erste Szene des zweiten Aktes war zu Ende. In der nächsten Szene würde Orpheus Eurydike aus einer Eisscholle hervorzerren und auf sein Boot bringen.

Oskar saß in einer Seitenloge, die Sicht auf die Bühne war nicht optimal, dafür konnte er von seinem Platz aus den ganzen Zuschauerraum überblicken. Er verfolgte gespannt die Reaktionen des Publikums. Viele junge Leute waren gekommen, sie waren von den umliegenden Städten angereist, von Köln, von Heidelberg und Mannheim. Sie applaudierten nach jeder Szene frenetisch. Sie wollten ihre Sympathie für Oskar kundtun, das alteingesessene Publikum aber reagierte skeptisch, manch einer glaubte mit einem »Es lebe Goethe, es lebe Schiller« sein Mißfallen laut hinausschreien zu müssen, andere verließen den Saal. Oskar hatte auch die Saaltüren gut im Blick. Er hätte sofort bemerkt, wenn Alma hereingekommen wäre. Aber sie kam nicht.

Auf dem Stuhl neben Oskar saß die Puppe. Aus einiger Entfernung sah sie aus wie ein Mensch, wie eine etwas altmodisch gekleidete, steife Dame.

Während des zweiten Aktes wurde Oskar unruhig. Er beschloß, den Portier zu fragen, ob eine Nachricht für ihn gekommen sei. Als Oskar sich vorsichtig von seinem Sitz erhob, kippte die Puppe zur Seite. Er hatte ihr ein elegantes Abendkleid angezogen, so wie man es in Wien vor dem Krieg getragen hatte. Mit dem breiten Seidengürtel band er die Puppe an der Stuhllehne fest, dann verließ er die Loge.

»Ist ein Telegramm gekommen?« fragte Oskar den Portier.

»Nein, Herr Professor.«

Vielleicht hat der Zug Verspätung, überlegte Oskar. Vielleicht sitzt sie im falschen Zug und ist schon ganz verzweifelt.

»Geben Sie mir ein Telefonat zum Hauptbahnhof, schnell! Ich muß wissen, ob noch ein Zug aus Wien ankommt.«

»Heut kommt kei Zug mehr aus Wien.«

»Wieso wissen Sie das so sicher?« Oskar spürte schon wieder seinen Kopfschmerz. Er sollte sich nicht so aufregen. »Geben Sie mir ein Telefonat nach Wien!«

»Jetzt isch keiner mehr im Amt, morge früh könne Se wieder telefoniere.« Der schwäbelnde, singende Ton des Portiers und seine langsame Art zu sprechen gab seinen Worten etwas Grausames, Endgültiges.

Oskar ging nach draußen, vor das Theater. Es war eiskalt. Er stand vor dem großen Gebäude des Frankfurter Schauspielhauses, in das heute fast siebenhundert Menschen gekommen waren, um die Szenen zu sehen, die Oskar vor drei Jahren im Feldlazarett in Wladimir-Wolynskij in Fieberträumen phantasiert hatte, und um die Worte zu hören, die er, von Nadelstichen und Stromstößen gequält, in einer Zeit der Dunkelheit und Qual immer wieder geflüstert, geträumt, geschrien hatte. Alle interessierten sich plötzlich für ihn, alle Türen standen ihm offen. Er war ein wichtiger Mann geworden, er war Professor, und er verdiente mit seinen Bildern so viel, daß er sein Lehrergehalt ruhig an seine Schüler weiterschenken konnte. Warum stand er dann hier in der Kälte, frierend, hoffend, voller Gier nach der Aufmerksamkeit einer einzigen Frau, die ihn verschmähte?

Als Oskar wieder in seiner Loge neben der Puppe Platz genommen hatte, war die Vorstellung schon am Ende des dritten Aktes angelangt.

Der Darsteller des Orpheus ist inzwischen dem Wahnsinn verfallen, er rollt die Augen und windet sich in Schmerzen. Ein wilder Tango setzt ein. Die Matrosen tanzen mit den Furien. Eurydike läßt ihr Leichentuch lasziv von den Schultern gleiten, sie entblößt ihre Schultern, ihre Brüste, sie reicht Orpheus ihre Hand. Sie tanzen ein paar Takte Tango. Dann legt Eurydike ihre feinen Hände um Orpheus' Hals, sie küßt ihn noch einmal, bevor sie ihre Hände fest an seine Gurgel drückt.

»Was wir umringen, ewig Glück ist anders –
Ob es Haß ist, solche Liebe?
Dies Verlangen – «[16]

Ein durchdringender Vogelschrei ertönt, Orpheus sinkt sterbend nieder. Der Geist der Eurydike verschwindet in der Bühnenversenkung. Das Stück ist zu Ende.

Nach einem Moment der Stille setzt im Zuschauerraum endlich Applaus ein. Pfiffe mischen sich in das Klatschen. Trampeln, Bravos und neuerliche verzweifelte Rufe nach Goethe und Schiller erfüllen das Theater. Die Schauspieler kommen nach vorne an die Bühnenrampe, verbeugen sich, laufen ein paar Schritte zurück, dann wieder nach vorne zu einer weiteren Verbeugung. Heinrich George wendet sich Oskars Loge zu und ruft ihn auf die Bühne. Neuerlicher Applaus brandet auf, als Oskar mit seiner Puppe endlich auf der Bühne erscheint.

»Läuft die Vorstellung noch? Für mich ist eine Karte hinterlegt!« Alma ist ganz außer Atem. Sie ist den ganzen Weg durch den Park zum Schauspielhaus gelaufen, denn dummerweise hat sie sich von ihrem Taxi zuerst zur Oper fahren lassen, bis ihr einfiel, daß die Aufführung ja im Schauspielhaus stattfand. Der Taxilenker stellte sich so ungeschickt an, daß sie beim Park einfach ausgestiegen war. Zuerst die Zugverspätung und dann dieses ziellose Herumfahren in einer fremden Stadt, es war ärgerlich. Alma kommt geradewegs aus Berlin. Sie hat Manon, ihre jüngste Tochter, zu ihrem Vater gebracht. So hat sich die Gelegenheit zu einem Abstecher nach Frankfurt ergeben – und Franzl würde nie etwas davon erfahren. »Wo geht es denn in den Saal? Ist der Kokoschka da drinnen?«

Der Portier wundert sich. Der Professor hat ihm eine ganz andere Dame beschrieben. Langes, rotblondes Haar sollte sie haben, breitschultrig sollte sie sein, eine königliche Ausstrahlung sollte von ihr ausgehen. Diese echauffierte Dame hier hat ein feistes Gesicht mit schmalen Lippen, ihr Haar ist kurz und klebt in ondulierten Wellen an den fleischigen Wangen. Was man von ihrer Figur unter dem Wintermantel erahnen kann, muß an die zwei Zentner ausmachen.

»Freilich isch er da drinne«, sagt der Portier, »aber jetzt brauche Se kei Karte mehr.«

Irgendwo ist eine Tür zum Theatersaal aufgegangen, die ersten Zuschauer kommen heraus, aber immer noch wird heftig geklatscht und gejubelt. Alma bahnt sich einen Weg in den Saal. Sie schiebt die Leute zur Seite, sie muß unbedingt einen Blick auf die Bühne werfen. Sicher ist er dort vorne, aber die Menschen versperren ihr ja die Sicht!

Endlich steht sie im Mittelgang, vor ihr die Bühne – und dort steht Oskar, angestrahlt vom Scheinwerferlicht. Er lacht, verbeugt sich ein bißchen linkisch, er ist immer noch ein großer Junge.

An seiner Seite eine junge, schlanke Schauspielerin in einem durchsichtigen Nichts als Kostüm. Sie ist wahrscheinlich die Eurydike, denkt Alma, sie spielt mich. Oskar küßt diese Frau, einmal und noch einmal. Übertrieben oft, findet Alma. Dann bemerkt sie erst das Ding, das an Oskars Arm hängt, diesen toten Körper in einem fliederfarbenen Kleid aus gefältelter venezianischer Seide. Wo hat er diesen Stoff nur aufgetrieben, schießt es Alma durch den Kopf, der gleiche Stoff wie der meines alten Kleides!

Blumen werden auf die Bühne geworfen. Jetzt hebt Oskar den leblosen Körper hoch. Der Kopf der Puppenfrau kippt zur Seite, und die schwarz umrandeten Puppenaugen glotzen Alma an.

»Es war ein Fehler, daß ich hierhergekommen bin«, sagt Alma laut, dann wendet sie sich um und geht mit den anderen Zuschauern hinaus.

Oskars glaubt einen kurzen Moment, Almas weißes Gesicht entdeckt zu haben zwischen den vielen fremden Gesichtern der vielen hundert Zuschauer, die jetzt in den Bankreihen und im Mittelgang stehen und applaudieren. Seine Augen sind vom Scheinwerferlicht geblendet. Vielleicht ist es eine Täuschung gewesen, denkt er, denn als er die Hand über die Augen hält, um das grelle Licht abzuschirmen, sieht er dort, wo gerade noch Almas helles Gesicht war, nur mehr den Rücken einer alten, fetten Frau mit angeklebten Löckchen auf dem Kopf.

Bei der anschließenden Premierenfeier mit Freunden und Verehrern, die sich wie immer bei solchen Gelegenheiten einfinden, wenn Champagner, Kaviar und Kokain gereicht wird, macht Oskar Bekanntschaft mit einer venezianischen Kurtisane. Während er trunken von Ruhm und Alkohol in ihren Armen ruht, steigt irgend jemand unabsichtlich auf den Kopf seiner Puppe. Die Nähte platzen, und die Watte und das Roßhaar quellen hervor. Die Puppenaugen rollen über den Fußboden.

»Jetzt ist dein teures Spielzeug kaputt«, sagt leise die Kurtisane, »was wirst du jetzt tun?« Aber Oskar hört nicht, was sie sagt.

Eine Weinflasche kippt, und ihr Inhalt färbt den aufgeplatzten Puppenkörper dunkelrot. Ein Stöckelschuh verheddert sich im Bauch der Puppe und reißt ihn auf. Nach und nach zerfällt sie in ihre Einzelteile, die nichts als Fetzen sind, Eisendraht, Roßhaar und Watte.

»Wir zwei werden immer auf der Bühne des Lebens sein, wenn widerliche Banalität, das triviale Bild der zeitgenössischen Welt, einer aus Leidenschaft geborenen Pracht weichen muß. Sieh Dir die öden und prosaischen Gesichter um Dich herum an – nicht eines hat die Spannung des Kämpfens mit dem Leben gekannt, des Genießens, selbst des Todes, des Lächelns über die Kugel im Schädel, das Messer in der Lunge.

Nicht einer – außer Deinem Geliebten, den Du einst in Deine Geheimnisse einweihtest. Denke daran, daß dieses Liebesspiel das einzige Kind ist, das wir haben.

Nimm dich in acht und verbring Deinen Geburtstag ohne Katzenjammer.

Dein Oskar.[17]

Brief Oskar Kokoschkas an Alma Mahler-Werfel
zu ihrem 70. Geburtstag

Anmerkung: Die seltsame Liebesbeziehung zwischen Alma Mahler und Oskar Kokoschka hat in frühen Werken des Künstlers ihren Niederschlag gefunden, in seinen graphischen Arbeiten und in Gemälden, in seiner Prosa, Lyrik und in den Dramen. Daraus und aus den vielen Briefen, die Oskar und Alma sich schrieben, habe ich den Verlauf dieser Beziehung rekonstruiert. Einiges habe ich erfunden, manches anders kombiniert, um es zu einer Geschichte zusammenzufügen.

Hilde Berger

1 Oskar Kokoschka: »Mörder, Hoffnung der Frauen«. In: O. K., Schriften 1907–1955, S. 143
2 Neues Wiener Journal, Jg. 17, 5. Juli 1909, S. 4
3 Oskar Kokoschka: »Der Brennende Dornbusch«. In: O. K., Schriften 1907–1955, S. 175
4 Oskar Kokoschka: »Der Brennende Dornbusch«. In: O. K., Schriften 1907–1955, S. 176 f.
5 Oskar Kokoschka: Briefe I, S. 31 (April 1912)
6 Oskar Kokoschka: Briefe I, S. 39 (7. Mai 1912)
7 Oskar Kokoschka: »Der Brennende Dornbusch«. In: O. K., Schriften 1907–1955, S. 179
8 Oskar Kokoschka: Briefe I, S. 46 f. (14. Juli 1912)
9 Reginald Isaacs, Band I, S. 112
10 Oskar Kokoschka: »Der Brennende Dornbusch«. In: O. K., Schriften 1907–1955, S. 180 f.
11 Georg Trakl: »Die Nacht«. In: G. T., Dichtungen und Briefe, S. 90 f.
12 Oskar Kokoschka: »Orpheus und Eurydike«. In: O. K., Schriften 1907–1955, S. 257
13 Oskar Kokoschka: »Orpheus und Eurydike«. In: O. K., Schriften 1907–1955, S. 274
14 Oskar Kokoschka: Briefe I, S. 304 f. (15. Jänner 1919)
15 Alma Mahler-Werfel: Mein Leben, S. 130 (1. Februar 1921)
16 Oskar Kokoschka: »Orpheus und Eurydike«. In: O. K., Schriften 1907–1955, S. 302
17 Alma Mahler-Werfel: Mein Leben, S. 310 (Sommer 1949)

Peter Altenberg (1859 Wien–1919 ebd.)

eigtl. Richard Engländer; der Sohn einer wohlhabenden Kaufmannsfamilie brach ein Jus- und Medizinstudium ebenso ab wie eine Buchhandelslehre. Der Arzt bescheinigte ihm 1882 eine »Überempfindlichkeit des Nervensystems« und »Berufsunfähigkeit«. Seitdem führte A. in Wien das Leben eines stadtbekannten Bohemiens und Kaffeehausdichters. Er brachte längere Zeit in Nervenheilanstalten zu. Als Meister des »Telegrammstils der Seele« wurde A. rasch ein vielgelesener Autor des Wiener Impressionismus der Jahrhundertwende (Wie ich es sehe, 1896; Was der Tag mir zuträgt, 1900; Bilderbögen des kleinen Lebens, 1909). Gemeinsam mit Adolf Loos gab A. 1903/04 die bibliophile Zeitschrift »Kunst« heraus. Karl Kraus trat entschieden für Werk und Person A.s ein.

Bessie Bruce (1886 London–1921 ebd.)

Aus ärmlichen Verhältnissen stammend, kam B. 1904 als eine der »Barrison-Sisters« nach Wien. Dort lernte sie Adolf Loos kennen, mit dem sie bis 1914 liiert war. Wegen Tuberkulose verbrachte sie zahlreiche Kuraufenthalte in der Schweiz. Adolf Loos zahlte ihre medizinische Betreuung auch nach ihrer Trennung. Unheilbar krank kehrte sie 1920 nach London zu ihrer Mutter zurück.

Joseph Fraenkel (1867–1920)

Aus Wien stammender, in New York praktizierender Arzt; war mit Alma Mahler-Werfel befreundet; Präsident der New Yorker Neurologischen Gesellschaft.

Heinrich George (1893–1946)

eigtl. Georg Heinrich Schulz; G. wirkte wie Ernst Deutsch und Käthe Richter 1917 bei der Aufführung der drei frühen Dramen Kokoschkas mit. Später konnte der Plan zur Aufführung der Dramen am Frankfurter Neuen Theater verwirklicht werden, 1921 kam es zur Uraufführung von Kokoschkas »Orpheus und Eurydike«. 1922 wurde G. an das Staatstheater Berlin berufen, wo er bis 1945, zuletzt als Intendant des Schiller-Theaters, wirkte. G. starb im sowjetischen Internierungslager Sachsenhausen.

Walter Gropius (1883 Berlin–1969 Boston)

Gründer des Staatlichen Bauhauses in München im Jahre 1919. Durch seine Bauten, seine Lehrtätigkeit und Schriften (Architektur, 1956 u. a.) war er von maßgebendem Einfluß auf die moderne Architektur. 1915 ehelichte er Alma Mahler. Ihre gemeinsame Tochter Manon (1916–1935) wollte Schauspielerin werden, sie starb im 19. Lebensjahr an Kinderlähmung. Alma Mahler trennte sich 1918 von Gropius, nachdem sie in Wien Franz Werfel kennengelernt hatte. 1929 wurde die Ehe mit Alma Mahler offiziell aufgelöst. Für das Bauhaus entwickelte G. einen neuen Lehrplan, nach dem noch heute an Kunstschulen gelehrt wird. Der Arbeitsschwerpunkt seines Architekturbüros lag im Siedlungsbau. Nach der Emigration 1934 nach Großbritannien erhielt G. 1938 eine Professur in Cambridge, zusammen mit Marcel Breuer unterhielt er ein privates Architekturbüro. 1946 gründete G. in Cambridge »The Architects Collaborative« (TAC).

Martha und Wilhelm Hirsch (?)

W. Hirsch war ein aus Pilsen stammender Drahtfabrikant, er ließ sich von Adolf Loos eine Wohnung einrichten. Das Bildnis »Martha Hirsch« von Oskar Kokoschka gelangte bald nach seiner Fertigstellung (1909) in den Besitz von Loos.

Bohuslav Kokoschka (1892–1976)

Die Geburt seines jüngeren Bruders Bohuslav stellte für den sechsjährigen Oskar Kokoschka ein einschneidendes Erlebnis dar. Der Knabe war bei der unerwartet plötzlichen Niederkunft der Mutter zufällig anwesend. Zeitlebens hat der ältere für den jüngeren Bruder mit großer Zuneigung gesorgt, er kümmerte sich um seine Ausbildung und sorgte für die Publikation der wenigen zu Lebzeiten veröffentlichten Schriften. 1914 meldete sich B. K. freiwillig zur Kriegsmarine.

Romana Kokoschka, geb. Loidl (1861–1934)

Die aus Niederösterreich stammende Mutter Oskar Kokoschkas heiratete 1884 Gustav Kokoschka. Aus der Ehe stammen vier Kinder: der als Kind verstorbene Gustav, Oskar, Berta und Bohuslav. Nach dem Tode des älteren Bruders weckte die Mutter in dem nächstältesten Sohn das Bewußtsein, es sei seine Pflicht, für die Familie zu sorgen. Den Tod seiner Mutter empfand Oskar Kokoschka als Zäsur. Er ließ für sie ein kleines Mausoleum errichten.

Oskar Kokoschka (1886 Pöchlarn–1980 Villeneuve)

Maler, Graphiker und Dichter, studierte an der Wiener Kunstgewerbeschule, wo er mit Gemälden und mit der Verserzählung »Die träumenden Knaben« erstmals in Erscheinung trat. Ab 1907 Mitarbeiter der Wiener Werkstätte. Während seiner Berliner Zeit 1910/11 Mitbegründer des »Sturm-Kreises«, arbeitete für die von Herwarth Walden herausgegebene Zeitschrift »Der Sturm«. Nach Kriegsende 1919–1923 Professor an der Akademie der Künste in Dresden, später ausgedehnte Reisen durch Europa, Nordafrika und den Nahen Osten. Bis 1934 lebte er wieder in Wien. Der entschiedene Gegner der Nationalsozialisten emigrierte nach Prag, 1938 zusammen mit Olda Palkovska, seiner späteren Frau, nach London. Von 1954 bis zu seinem Tod lebte Kokoschka in Villeneuve am Genfer See.
In seinem malerischen Frühwerk ist K. geprägt vom linearen Wert der Wiener Secession, später erlangte er internationale Anerkennung als bedeutender Vertreter des Expressionismus. In seiner Dresdner Zeit treten die Farben als Ausdrucksträger in den Vordergrund. In späteren Portraits, Stadtansichten sowie (oft politischen) Allegorien sind barocke Gestaltungsprinzipien erkennbar. In literarischer Hinsicht gilt K. als Wegbereiter des expressionistischen Dramas. Zu seinen wichtigsten Dramen zählen »Sphinx und Strohmann« (1907, unter dem Titel »Hiob« 1917), »Mörder, Hoffnung der Frauen« (1909, vertont von Paul Hindemith 1921), »Der brennende Dornbusch« (1913) und »Orpheus und Eurydike« (1918, UA 1921, vertont von Ernst Krenek 1923).

Karl Kraus (1874 Jičín–1936 Wien)

K. gilt heute als der bedeutendste Sprach- und Kulturkritiker unseres Jahrhunderts. Der Sohn eines jüdischen Kaufmanns und Fabrikanten trat zuerst als scharfer Kritiker des Jung-Wien (»Die demolirte Litteratur, 1897) hervor. 1899 gründete K. die Zeitschrift »Die Fackel«, in der ab 1911 ausschließlich seine eigenen Texte erschienen. Seine Kultur-, Ideologie- und Sprachkritik richtete sich v. a. gegen einen verlogenen, sensationsheischenden Journalismus, gegen die bürgerliche Doppelmoral (Sittlichkeit und Kriminalität, 1908) und skrupellose Kriegshetzerei (Die letzten Tage der Menschheit, 1922) sowie gegen literarische Strömungen, die sich in erster Linie der Form verpflichtet fühlten (Literatur und Lüge, 1929). Zu Adolf Loos und Peter Altenberg stand K. in einem geistigen und persönlichen Naheverhältnis. Wie Loos zählte er zu Oskar Kokoschkas engsten Freunden. Er öffnete ihm den Zugang zu Herwarth Waldens Sturm-Kreis.

Lilith Lang (1891–?)

Besuchte ab 1907 die Allgemeine Abteilung der Wiener Kunstgewerbeschule. Ihr Sohn Uzzi Förster war in den sechziger und siebziger in Wien ein bekannter Jazzmusiker.

Lilly Lieser-Landau (?)

Witwe eines Industriellen und Kunstmäzenin; L. war Alma Mahler-Werfel über viele Jahre freundschaftlich verbunden, begleitete sie auf vielen Reisen und war ihr auch im Finanziellen behilflich. Sie unterstützte später Arnold Schönberg und war bei der Drucklegung von Alban Bergs »Wozzek« behilflich.

Adolf Loos (1870 Brünn–1933 Wien)

Architekt und Kulturkritiker; Studium in Dresden, 1893–1896 in den USA, anschließend in Wien. Seine Artikel wandten sich gegen

Jugendstil und Wiener Werkstätte (Ornament und Verbrechen, 1908). Eine heftige öffentliche Diskussion entfachte um das von ihm entworfene Haus am Michaelerplatz (1909–1911). Gleichzeitig schuf L. zahlreiche private Villen.
L. erkannte das Werk Oskar Kokoschkas 1908 auf der Wiener Kunstschau als etwas völlig Neuartiges und wurde sein tatkräftigster Förderer. Er erwarb viele seiner frühen Gemälde und verhalf ihm zu seiner ersten Auslandsreise in die Schweiz. Die freundschaftlichen Kontakte zwischen L. und Oskar Kokoschka blieben bis zum Tod des Architekten aufrecht.

Anna (Gucki) Mahler (1904 Wien–1988 London)

Malerin, Bildhauerin, zweite Tochter von Gustav Mahler und Alma Mahler-Werfel; ihre um zwei Jahre ältere Schwester Maria starb 1907 an Scharlachdiphterie. Sie heiratete im Alter von 17 Jahren den Dirigenten Rupert Kollner, von dem sie sich ein Jahr später scheiden ließ. M. studierte Malerei, in den dreißiger Jahren Bildhauerei bei Fritz Wotruba und schuf zahlreiche Büsten von Künstlern und Politikern. Ihre zweite Ehe schloß sie mit dem Komponisten Ernst Krenek, 1929 heiratete sie den Verleger Paul Zsolnay, Trennung 1931. 1938 emigrierte sie mit ihrem damaligen Mann A. Joseph über England in die USA. Anna Mahler stand zeitlebens im Schatten ihrer berühmten Mutter.

Gustav Mahler (1860 Kalischt–1911 Wien)

Komponist und Dirigent von Weltruf, schloß in seinem symphonischen Werk an Anton Bruckner an. Ab 1880 Dirigent in Bad Hall, Laibach, Olmütz, Kassel, Prag und Leipzig. 1888–1891 Operndirektor in Budapest, 1891–1897 Theaterkapellmeister in Hamburg. Ab 1897 Dirigent an der Wiener Staatsoper, die unter seiner Direktion 1898–1907 eine Blütezeit erlebte. 1902 Eheschließung mit Alma Maria Schindler. Ab 1908 Kapellmeister der Metropolitan Opera in New York, 1909 musikal. Leiter der New York Philharmonic Society. Unheilbar krank kehrte er 1911 nach Wien zurück.

Alma Maria Mahler-Werfel, geb. Schindler
(1879 Wien–1964 New York)

Die Tochter des Mahlers Emil Jakob Schindler heiratete 1902 den Dirigenten und Komponisten Gustav Mahler. Unter Anleitung ihres Lehrers Alexander von Zemlinsky entstanden eigene Kompositionen, von denen zwei Hefte mit Liedern erhalten sind. Durch ihren Stiefvater Carl Moll erhielt Oskar Kokoschka 1912 den Auftrag, ein Portrait von Alma Mahlers zu malen. Die sofort entstehende leidenschaftliche Beziehung war von Anfang an durch die Einbindung der Witwe des berühmten Musikers in eine Gesellschaft belastete, die Kokoschka ablehnte. 1915 heiratete sie den Architekten Walter Gropius (gemeinsame Tochter Manon, 1916–1935). 1918 lernte sie den Dichter Franz Werfel kennen, den sie 1929 heiratete (Sohn Martin 1918–1919). Mit ihm emigrierte sie 1938 nach Frankreich und 1940 weiter in die USA. Alma Mahler-Werfels Salon war im Wien der Zwischenkriegszeit und auch später in der Emigration ein Treffpunkt für zahlreiche Künstler und Intellektuelle.

Anna Moll, geb. Bergen, verw. Schindler (1857–1938)

Kam als Soubrette aus Hamburg nach Wien, wo sie Emil Schindler heiratete und ihm Alma als erste Tochter gebar. Ihre zweite Tochter Grete war das Kind eines syphilitischen Vaters und fiel unter den Nazis der Euthanasie zum Opfer. Nach Schindlers Tod heiratete sie dessen Schüler Carl Moll. Ihre gemeinsame Tochter Maria kam 1945 beim Einmarsch der Russen ums Leben.

Carl Moll (1861 Wien–1945 ebd.)

Landschafts-, Interieur- und Stillebenmaler. Schüler und Freund von E. J. Schindler; 1895 heiratete er die Witwe Schindlers und wurde so zum Stiefvater von dessen Tochter Alma. 1897 Mitbegründer der Wiener Secession, aus der er 1905 gemeinsam mit der Klimt-Gruppe austrat. M. wurde künstlerischer Berater der Galerie Miethke in Wien. Er förderte Kokoschka seit 1911 durch Vermittlung von Aufträgen, darunter 1912 durch den Auftrag für ein Portrait seiner Stieftochter, der inzwischen verwitweten Alma Mahler. Nach der Trennung von Alma Mahler blieben Oskar Kokoschka und M. freundschaftlich verbunden. M. organisierte 1937 die erste große Kokoschka-Ausstellung in Österreich, die zeitgleich mit der Ausstellung »Entartete Kunst« in Deutschland zusammenfiel (Kokoschka war in dieser Schau mit neun Gemälden vertreten). 1945, beim Einmarsch der Russen in Wien, nahm sich M. das Leben. Nach anderen Quellen wurde er von russischen Soldaten mit einem Stuhl erschlagen, nachdem er seine Tochter Marie vor einer Vergewaltigung schützen hatte wollen.

Hermine Moos (?)

Die Lebensdaten und das Schicksal der um 1918/19 etwa 25–30jährigen Frau lassen sich aufgrund der fast vollständigen Vernichtung des Archiv-Materials der jüdischen Gemeinde in Stuttgart nicht feststellen. Der Überlieferung nach lebte sie in Stuttgart als »Kunstgewerblerin«, vermutlich Puppenmacherin.

Fritz Neuberger (?–1918)

Neurologe in Dresden; betreute in »Dr. H. Teuscher's Sanatorium« in Dresden-Weißer Hirsch nervenleidende Patienten, darunter Oskar Kokoschka. Die Patienten waren im Hotel »Felsenburg« untergebracht, einer beliebten Künstlerherberge. Kokoschka wohnte dort gemeinsam u. a. mit dem expressionistischen Dichter Walter Hasenclever, mit dem Poeten Ivar van Lücken, mit dem Kritiker Paul Westheim, mit den deutschen Schauspielern Käthe Richter, Heinrich George und Ernst Deutsch. N. war an der Durchschleusung Lenins von Zürich nach Schweden beteiligt. Er starb 1918 während einer Bahnfahrt an einem tuberkulösen Blutsturz.

Emil Patočka (1870–1946)

Der Offizier der österreichischen Marine im Verwaltungsdienst heiratete 1914 Kokoschkas Schwester Berta. Voraussetzung für die Heirat war eine Kaution in Höhe von 10.000 Kronen, die P. nicht selbst aufzubringen vermochte. Den Ersten Weltkrieg verbrachte P. in Pola und Wien. Nach dem Krieg zog er nach Prag, wo er zum General der tschechischen Armee ernannt wurde. Mit seiner Frau Berta lebte er bis zu seinem Tode in Prag. Sein Begräbnis war Oskar Kokoschkas erster Anlaß zu einer Europareise nach dem Ende des Zweiten Weltkrieges.

Berta Patočka-Kokoschka (1889–1960)

Oskar Kokoschkas Schwester wurde in Aussig geboren. Ihre Heirat mit dem Offizier Emil Patočka brachte Kokoschka, der die finanzielle Unterstützung seiner Schwester als seine Pflicht ansah, längere Zeit in größere finanzielle Schwierigkeiten. Kokoschka illustrierte 1957 das Gedichtbändchen seiner Schwester, »Mein Lied«.

Emil Jacob Schindler (1842 Wien–1892 Westerland auf Sylt)

Der Landschaftsmaler war der Vater von Alma Mahler-Werfel, er unternahm Studienreisen nach Dalmatien, Venedig, Holland und Frankreich. S. Scharte einen kleinen Kreis von Künstlern um sich, darunter Carl Moll. Als bevorzugter Studienort dieser Landschaftsmalerschule, die als Inbegriff des »österreichischen Stimmungsimpressionismus« gilt, diente ab 1885 das Schloß Plankenberg bei Neulengbach. Alma Mahler-Werfel nannte ihren Vater den berühmtesten Landschaftsmaler der Monarchie. Ein von Edmund Helmer gestaltetes Denkmal steht im Wiener Stadtpark.

Bruno Walter (1876 Berlin–1962 Beverly Hills)

eigtl. Bruno Schlesinger; W. wurde 1901 von Gustav Mahler, dessen Jünger und Künder er wurde, an die Wiener Hofoper berufen. Er dirigierte die posthume Uraufführung von Mahlers »Lied von der Erde« (München 1911) und der Neunten Symphonie (Wien 1912). Er emigrierte 1928 nach Frankreich und lebte ab 1940 in den USA. Ab 1947 dirigierte W. wieder in Salzburg und Wien.

Herwarth Walden (1878 Berlin–1941 Saratow)

eigtl. Georg Lewin; der Schriftsteller, Musiker, Kunstkritiker und Herausgeber gründete 1904 den »Verein für Kunst« in Berlin und 1910 die neben der »Aktion« wichtigste Zeitschrift des Expressionismus, den »Sturm«. Kokoschka war einer der ersten Künstler, für die W. sich einsetzte. Im »Sturm« erschienen u. a. Kokoschkas frühes Drama »Mörder, Hoffnung der Frauen« sowie die dazugehörigen Zeichnungen. Weiters entstanden auf W.s Initiative die »Sturm-Galerie«, der Buchverlag »Der Sturm«, die »Sturm-Kunstschule« sowie der Theaterverlag »Sturm-Bühne«. W. übersiedelte

1932 als Sprachlehrer, Redakteur und Herausgeber in die UdSSR, wurde dort 1941 im Zuge stalinistischer Verfolgungen verhaftet und starb nach sieben Monaten Dunkelhaft im Straflager Saratow an der Wolga.

Literaturverzeichnis

Altenberg, Peter: Leben und Werk in Texten und Bildern. Hg. v. Hans Christian Kosler. 1981

Altmann-Loos, Elsie: Mein Leben mit Adolf Loos. Hg. v. Adolf Opel. 1986

Blaukopf, Kurt: Gustav Mahler oder Der Zeitgenosse der Zukunft. 1969

Giroud, François: Alma Mahler oder die Kunst, geliebt zu werden. 1989

Hirschfeld, Magnus (Hg.): Sittengeschichte des Weltkriegs. 2 Bände, 1930

Hodin, Josef Paul (Hg.): Bekenntnis zu Kokoschka. Erinnerungen und Deutungen. 1963

Hodin, Josef Paul (Hg.): Oskar Kokoschka. Eine Psychographie. 1971

Isaacs, Reginald: Walter Gropius. 2 Bände, 1985–1986

Kokoschka und Dresden / Staatliche Kunstsammlung Dresden, Österreichische Galerie Wien [Ausstellung und Katalog v. Werner Schmidt und Birgit Dalbajewa unter Mitarb. v. Ulrich Bischoff] 1996

Kokoschka, Oskar: Berichte aus einer eingebildeten Welt. Erinnerungen und Erzählungen. Hg. v. Georg Trenkler. 1996

Kokoschka, Oskar: Briefe. 4 Bände [Bd. I: 1905–1919, 1984; Bd. II: 1919–1934, 1985; Bd. III: 1934–1953, 1986; Bd. IV: 1953–1976, 1988] Hg. v. Olda Kokoschka und Heinz Spielmann

Kokoschka, Oskar: Mein Leben. 1971

Kokoschka, Oskar: Schriften 1907–1955. Hg. v. Hans Maria Wingler. 1956

Kokoschka, Oskar: Spur im Treibsand. Geschichten. 1956

Krenek, Ernst: Im Atem der Zeit. Erinnerungen an die Moderne. 1998

Loos, Adolf: Trotzdem. 1982
Mahler, Gustav: Briefe. Hg. v. Herta Blaukopf. 1996
Mahler, Gustav: Ein Glück ohne Ruh'. Die Briefe Gustav Mahlers an Alma. Hg. v. Henry-Louis de LaGrange und Günther Weiß. 1995.
Mahler-Werfel, Alma: Erinnerungen an Gustav Mahler. Hg. v. Donald Mitchell. 1978.
Mahler-Werfel, Alma: Mein Leben. 1984
Mahler-Werfel, Alma: Tagebuch-Suiten 1898–1902. Hg. v. Antony Beaumont und Susanne Rode-Breymann. 1997
Monson, Karen: Alma Mahler-Werfel – die unbezähmbare Muse. 1985
Morton Frederic: Wetterleuchten. Wien 1913–1914. 1989
Oskar Kokoschka und Alma Mahler. Die Puppe. Epilog einer Passion. [Ausstellungskatalog], Städtische Galerie im Städel, Frankfurt/M. 1992
Schober, Thomas: Das Theater der Maler. Studien zur Theatermoderne anhand dramatischer Werke von Kokoschka, Barlach, Beckmann, Schwitters und Schlemmer. 1994
Schorske, Carl E.: Geist und Gesellschaft im Fin de siècle. 1982
Schweiger, Werner J. (Hg.): Das große Peter-Altenberg-Buch. 1977
Schweiger, Werner J.: Der junge Kokoschka. Leben und Werk 1904–1914. 1983
Trakl, Georg: Dichtungen und Briefe. Hg. v. Walther Killy und Hans Szklenar, 1987
Ulrich, Bernd / Ziemann, Benjamin (Hg.): Frontalltag im Ersten Weltkrieg. Wahn und Wirklichkeit. Quellen und Dokumente. 1995
Wagner, Manfred: Geschichte der österreichischen Musikkritik in Beispielen. 1979
Walter, Bruno: Thema und Variationen. Erinnerungen und Gedanken. 1947

Weidinger, Alfred (Hg.): Kokoschka und Alma Mahler. Dokumente einer leidenschaftlichen Begegnung. 1996
Zuckerkandl, Bertha: Österreich intim. Erinnerungen 1892–1942. 1988

1 MAK – Österreichisches Museum für angewandte Kunst Wien
2 Österreichische Galerie im Belvedere Wien
3 Bildarchiv der Österreichischen Nationalbibliothek, Wien
4 Bildarchiv der Österreichischen Nationalbibliothek, Wien
5 Aus: Der Wiener Kunstwanderer, Jg. 1933, Nr. 10, S. 23
6 Historisches Museum der Stadt Wien
7 Bildarchiv der Österreichischen Nationalbibliothek, Wien
8 Bildarchiv der Österreichischen Nationalbibliothek, Wien
9 Kupferstich-Kabinett der Staatlichen Kunstsammlung Dresden
10 Historisches Museum der Stadt Wien
11 Leopold Museum – Privatstiftung, Wien
12 Universal-Edition, Wien
13 Sammlung Essl, Klosterneuburg
14 Graphische Sammlung Albertina, Wien
15 Bildarchiv der Österreichischen Nationalbibliothek, Wien
16 Graphische Sammlung Albertina, Wien
17 Oskar Kokoschka Dokumentation Pöchlarn/ Oskar-Kokoschka-Zentrum, Wien
18 Graphische Sammlung Albertina, Wien
19 Oeffentliche Kunstsammlung Basel, Kunstmuseum; Foto: Oeffentliche Kunstsammlung Basel, Martin Bühler
20 Museum für Kunst und Gewerbe Hamburg

Textnachweis